**Manfred Stocker und Leonore Capell**

# STOCKERS KOCHTIPPS
# DAS! merk' ich mir

mit

Anne von Blomberg – Text
Peter Braun – Konzept
Klaus Niermann – Fotos

HOFFMANN UND CAMPE

1. Auflage 2004

*www.hoffmann-und-campe.de*
Eine Kooperation mit NDR MEDIA GmbH
Schutzumschlaggestaltung: Büro Hamburg/Mareike Krause
Foto: Klaus Niermann
Layout und Satz: Prill Partners | producing, Berlin
Reproarbeiten: LVD GmbH, Berlin
Druck und Bindung: Clausen & Bosse, Leck
Printed in Germany
ISBN 3-455-09468-6

HOFFMANN
UND CAMPE

*Ein Unternehmen der*
GANSKE VERLAGSGRUPPE

# Inhalt

## Herzlichen Dank

... meiner Küchencrew: Uwe Schwierskott, Martin Moser, Ralph Berendt, Marcus Lübke, Tom Diemann, Tanja Waldheim, Johannes Thies Möller, Iris Depkat, Servicecrew: Werner Wasilewski, Benita Schmidtke, Michael Masche, Büro: Alexandra Flamme. Und unserem großzügigen Helfer Holger Petersen. Ohne die Arbeit dieses Teams bei der Requisite und beim Ausprobieren/Nachkochen der Rezepte wären diese »Kochtipps« zu »DAS! merk' ich mir« nicht entstanden.
Mein Dank gilt besonders Thomas Kühn als Leiter der NDR-Vorabend-magazine und DAS!-Chef, Karin Rau von NDR Media, Peter und Claudia Braun von Mobil TV, die »DAS! merk' ich mir« für den NDR produzieren, und natürlich meiner charmanten Koch-»Azubine«, Leonore Capell, der bekannten »Marienhof«-Schauspielerin. Danke auch an Kathrin Liedtke, Lektorin Sachbuch beim Verlag Hoffmann und Campe, an die Food- und Trendautorin Anne von Blomberg, den Fotografen Klaus Niermann und meine Kinder Liza und Amadeus, die mir heute schon zeigen: Wenn man die wichtigsten Tricks kennt, ist Kochen kinderleicht.

Ihr Manfred Stocker

Vorwort

# Manfred Stocker weiß immer Rat

Ein österreichischer Koch mit charmantem Akzent im norddeutschen Fernsehen – ist das ein Erfolgsrezept? Die Antwort ist eindeutig: Manfred Stocker, der in Hamburg das sehr erfolgreiche Gourmetrestaurant »Stocker« führt, hat mit seiner Kochkunst und seinem außergewöhnlichen Talent, auch Laien an die hohe Schule des Kochens heranzuführen, die Norddeutschen begeistert. Ich kenne keinen Koch, der so klar, so überzeugend und für alle nachvollziehbar Tipps und Tricks vermitteln kann.

Ob es um die kleine Frage geht, Zwiebeln ohne Tränen zu schneiden, oder um die Schwierigkeit, Entenhaut wieder knackig und kross werden zu lassen – Manfred Stocker weiß immer Rat.

Zusammen mit dem Marienhof-Star Leonore Capell ist der österreichische Meisterkoch täglich in der Sendung »DAS! ab 2« mit dem Kochformat »DAS! merk' ich mir« zu sehen. Für die Zuschauerinnen und Zuschauer ist er ein unverzichtbarer Begleiter und Ratgeber in der heimischen Küche geworden. Die kurzen Kochkniffe sind praktisch, gut zu verstehen und anzuwenden, so dass auch Sie beim Nachmachen Ihre Freude haben werden.

Ich wünsche Ihnen kulinarische Höhepunkte und Erfolgserlebnisse bei der Anwendung der Stocker-Tipps.

Mit freundlichem Gruß,

Thomas Kühn, Leiter der NDR-Vorabendmagazine und DAS!-Chef

## Fleisch aus dem Aromasafe:

# ALUMINIUMFOLIE

***Leonore Capell:*** Ich kann nicht kochen. Die Ausstattung meiner Küche ist ein Witz. Aber ich möchte kochen können. Wenigstens ab und an. Und wenn – dann gut. Manfred, Sie sind Küchenmeister und führen in Hamburg seit Jahren das Gourmetrestaurant »Stocker«. Verraten Sie mir, worauf's beim Kochen ankommt?

***Manfred Stocker:*** Aber gern! Was halten Sie davon, wenn wir alphabetisch vorgehen und ich Ihnen zu jedem Buchstaben die wichtigsten Tricks und immer mindestens ein Rezept verrate, das Sie schnell und ohne Probleme zur perfekten Köchin macht?

***LC:*** Klasse! Mit was fangen wir an?

***MS:*** Wie wär's mit A wie Alufolie?

***LC:*** Wie kommen Sie denn ausgerechnet da drauf?

***MS:*** Dass man zum Kochen gute Töpfe braucht, am besten mit einem schweren Edelstahlboden, und gute Messer, wissen Sie bestimmt auch. Was aber oft vergessen wird, ist etwas so Einfaches und gleichzeitig so Unentbehrliches wie die Alufolie.

***Leonore Capell:*** Na gut, die hab ich zu Hause, aber ich weiß nie: Welche Seite ist die wichtigere? Die glänzende oder die matte?

***Manfred Stocker:*** Zum Abdecken von Lebensmitteln kommt die matte Seite der Folie nach innen, zum Braten nach außen, weil der Glanz einmal Licht und damit Wärme abstrahlen soll, im Kühlschrank, und das andere Mal Hitze im Inneren konzentrieren – im Backofen.

*Servieren Sie die Poulardenbrust in der Folie – auf einem Teller natürlich. Öffnen Sie die Folie erst auf dem Esstisch. Ihre Gäste werden verblüfft sein, welch ein Reichtum an Aromen darin versteckt ist. Für Fisch eignet sich die Garmethode natürlich ebenso gut wie für zartes Fleisch.*

## Das »amtliche« Huhn

EU-Beamte haben das europäische Hühnerfleischangebot systematisch geordnet. Wirklich nicht, um Verwirrung zu stiften, sondern um Küchenlaien die Auswahl einfacher zu machen:

Das **Brathähnchen** oder **Poulet** (das französische Wort für Huhn) ist mit 5–8 Wochen das jüngste und damit zarteste Huhn im Angebot. Es wird, wie der Name schon sagt, meist gebraten serviert – im Ganzen.

Die **Poularde** darf offiziell auch **Masthuhn** heißen. Sie (oder er, falls es ein Hahn ist) wird minimal 10, maximal 20 Wochen gemästet und muss über 1200 g schwer sein. Vom Mästen ist ihr Fleisch saftig-zart, durch speziell ausgewähltes Mastfutter oft etwas aromatischer als das der Brathähnchen.

Das **Suppenhuhn** hat eine Saison lang Eier gelegt, ist 12–15 Monate alt und 1,2–1,4 kg schwer. Weil sein Fleisch trockener und faseriger ist als bei den jüngeren Hühnern, wird es nur durch Kochen richtig weich.

**Stubenküken** werden bloß 3–5 Wochen alt, sind aber dann durch ein Spezialfutter schon 350–450 g schwer. Hamburger Stubenküken sind die bekannteste Spezialität.

***LC:*** Wie heißt das Silberzeug richtig? Alu- oder Aluminiumfolie?

***MS:*** »Alufolie« ist ein geschützter Markenname, aber er wurde zum Oberbegriff für alle silbrig glänzenden Folien, in denen Empfindliches fast hermetisch vor der Umwelt geschützt wird – so ähnlich wie »Tempo« für Papiertaschentücher oder »Uhu« für Klebstoff. In der Küche verwende ich Alufolie natürlich ständig, um Lebensmittel vor dem schädlichen Einfluss von Licht und Luft zu schützen. Mindestens eben so nützlich ist sie aber, um darin besonders aromareich zu garen – zum Beispiel eine **Poulardenbrust à la Stocker**:

- ▶ Breiten Sie ein großes Stück Alufolie glatt aus, mit der glänzenden Seite nach oben. Es muss rund 3 x so groß sein wie das gepfefferte und gesalzene Fleischstück. Über die Folie streuen Sie etwas Salz und Pfeffer, um das Fleischaroma zu verstärken.
- ▶ Legen Sie die Poulardenbrust auf die Folie und häufen Sie darauf und drumrum die Zutaten, die ihr einen neuen Geschmack geben: zum Beispiel 4–6 abgezogene Kirschtomaten, weil sie mehr Aroma haben als die großen, 1 kleine Hand voll Pilze wie Pfifferlinge oder getrocknete Steinpilze.

***LC:*** Kann ich auch Champignons nehmen?

***MS:*** Natürlich. In der feinen Küche gelten sie im Moment nicht als sehr trendy, aber frische Champignons sind in Ordnung.

- ▶ Geben Sie 1 Hand voll Sojasprossen dazu, 1 Zweig Rosmarin und Thymian.
- ▶ Biegen Sie die Ränder der Alufolie nach oben, so dass eine Art Schüssel entsteht, und geben Sie jetzt noch 1 Schuss Weißwein und etwas Geflügelfond (circa 1/8 l) dazu. Den können Sie fertig in guter Qualität kaufen.

- Packen Sie alles gut ein, so dass keine Flüssigkeit auslaufen kann.
- Schieben Sie das silberne Paket auf einem Backblech für 15–20 Minuten in den auf 200 Grad vorgeheizten Backofen.

***LC:*** Und was ist ein **Kapaun**, Manfred? Stimmt es, dass es sich dabei um einen kastrierten Hahn handelt?

***MS:*** Ja, ein junger, zarter natürlich. Geschlachtet wird er mit 1,75–2,5 kg Gewicht. Früher wurden die besten Hähnchen kastriert, weil sie dann mehr fraßen und schneller Gewicht zulegten als Normalhähne. Kapaune galten als besonders lecker, aber heute werden sie kaum noch gezüchtet: Brathähnchen schmecken genauso gut, und das Fleisch von einem Huhn muss ja nicht mehr für eine Großfamilie reichen.

***LC:*** Und ein **Bresse-Huhn**?

***MS:*** Das ist ein französisches Markenhuhn, das laut EU-Recht aus der Landschaft Bresse im Burgund kommen muss. Es darf 120 Tage auf mindestens zehn Quadratmeter Fläche frei herumlaufen und wird mit Mais und Milchpulver gefüttert. Eine Zeit lang servierten anspruchsvolle deutsche Köche ihren Gästen nur Bresse-Hühner, weil die besseres Fleisch lieferten als die meisten einheimischen. Inzwischen gibt es hier genauso gute Qualität.

**Der superschnelle Pfeffersnack:**

# ANANAS

***Leonore Capell:*** Was ist eigentlich der Unterschied zwischen normaler Ananas und Babyananas, Manfred? Und was mache ich mit den »Babys«?

***Manfred Stocker:*** Von einer ganzen Reihe Gemüsesorten gibt's inzwischen »Baby«-Früchte, beispielsweise von Auberginen, Zucchini, Tomaten, Gurken und Möhren, beim Obst von der Ananas. Es sind Neuzüchtungen, und sie haben fast immer mehr Aroma als die Originalfrüchte. Der besondere Vorteil der Babyananas: Ihr Fleisch ergibt genau eine Portion, denn man kann den sonst so harten Strunk in der Mitte mitessen. Außerdem sind die Minis süßer als die großen Verwandten. Ich finde, dass sie gepfeffert am besten schmecken.

***LC:*** Pfeffer? Etwas so Scharfes zu einer süßen Frucht?!

***MS:*** Warum nicht? Erdbeeren bekommen durch Pfeffer einen besonders intensiven Geschmack. Ananas auch. Schneiden Sie die Blätter oben ab, schälen Sie die Frucht dünn – die Schale der Babyananas hinterlässt im Fleisch weniger borstige Löcher als die der großen –, und schneiden Sie Scheiben von $1/2$ Zentimeter Dicke. Dann mahlen Sie schwarzen Pfeffer darüber. Fertig ist das Schnelldessert.

***LC:*** Kann ich auch weißen Pfeffer nehmen? Rosa Pfeffer oder grünen? Etwa auch Cayennepfeffer?

***MS:*** Das kommt darauf an, wie scharf Sie's mögen.

## Kleine Pfefferkunde

Im frühen Mittelalter, in der Zeit von Karl dem Großen, bekam man für ein kleines Säckchen Pfeffer ein ausgebildetes Ritterross. Pfefferkörner wurden in Apotheken verkauft und einzeln abgezählt. Heute, 1300 Jahre später, ist Pfeffer neben Salz das wichtigste Küchengewürz und dank ausreichendem Anbau wunderbar billig. Die verschiedenen Sorten?

**Schwarzer Pfeffer:** Für ihn werden die unreifen Früchte gepflückt, die Körner ungeschält getrocknet, bis sie schwarz sind. Sein süßlich-scharfes Aroma passt zu allem, was von sich aus kräftig schmeckt, gibt aber auch Fisch eine besondere Würze. Wichtig: Kaufen Sie immer ganze Pfefferkörner und mahlen Sie den Pfeffer frisch. Gemahlen gekaufter Pfeffer ist zwar auch scharf, aber er verliert schnell jede Feinheit, weil seine aromatischen Öle verdunsten.

**Weißer Pfeffer:** Er stammt von den gleichen Pflanzen wie schwarzer, wird reif gepflückt (dann ist er rot statt grünlich) und gewaschen. Dabei löst sich die Schale, und mit ihr verschwindet ein Teil der Schärfe. Zurück bleibt der weiße Kern, der milder schmeckt als schwarzer Pfeffer.

**Grüner Pfeffer:** Auch er ist eine Frucht der Pfefferpflanze, wird aber grün, also noch sehr unreif gepflückt und bei uns meist in Salzlake oder Essig eingelegt angeboten. Die weichen Körner sind sehr scharf, aber gleichzeitig sehr aromareich. Man würzt damit das bekannte Pfeffersteak und zum Beispiel Sahnesaucen zu anderen gebratenen Fleischstücken. In Frankreich wird außerdem gern leicht gesüßte Crème fraîche mit einigen grünen Pfefferkörnern gemischt und über frischen Erdbeeren gegessen.

**Rosa Pfeffer:** Er stammt nicht vom »echten« Pfeffer ab, sondern wächst am brasilianischen Pfefferbaum, schmeckt weniger aromatisch, eher süßlich-fruchtig.

**Cayennepfeffer:** Das superscharfe Gewürzpulver besteht nicht aus gemahlenem Pfeffer, sondern aus geröstetem und gemahlenem rotem Chili. Ein Muss in der südamerikanischen und indischen Küche. Mitteleuropäer sollten ihn nur sehr, sehr vorsichtig verwenden.

**Extratipp:** Fleisch immer vor dem Braten mit Pfeffer würzen, nicht erst hinterher. Dann dringen die Pfefferaromen nicht mehr nach innen ein.

**Aufwertung fürs Schwabendessert:**

# APFELRINGE

***Leonore Capell:*** Ich bin in Ulm aufgewachsen, und dort isst man gern mal Apfelringe, die durch Teig gezogen und frittiert werden. Das schmeckt wunderbar, aber auch ziemlich deftig. Können Sie daraus ein feineres Dessert machen, Manfred?

***Manfred Stocker:*** Kein Problem. Wie wär's mit **gebackenen Apfelringen plus Veltlinerschaum**?

- Für 4 Personen brauchen Sie erst mal einen Teig aus circa 200 g Mehl (etwas weniger als 1/4 Packung), 1/4 l Weißwein und 2 Eigelb. Das rühren Sie zusammen. Der Teig soll in der Konsistenz zwischen Crêpes- und Kaiserschmarrnteig liegen, also noch vom Löffel laufen, aber nicht »milchdünn« sein.
- Schlagen Sie 2 Eiweiß zusammen mit circa 1 Esslöffel Zucker und 1 großzügigen Prise Vanillezucker steif (Eiweißtricks siehe KAISERSCHMARRN). Vergessen Sie die Prise Salz als Geschmacksverstärker nicht! Mischen Sie das steife Eiweiß unter den Teig.
- Schälen Sie drei mittelgroße Äpfel, zum Beispiel säuerlich-aromatische Boskop oder etwas süßere Cox Orange. Entfernen Sie das Kerngehäuse mit dem Apfelausstecher oder einem scharfrandigen Teelöffel und schneiden Sie die Äpfel in circa 1 cm breite Ringe. Mit etwas Zitronensaft beträufeln, damit sie nicht braun werden!
- Mischen Sie 1 Messerspitze Zimtpulver mit circa 3 Esslöffeln Zucker und bestreuen Sie die Apfelringe damit.
- Erhitzen Sie reichlich Fett – am besten Pflanzenöl, weil das viel Hitze aushält. Ziehen Sie die Apfelringe durch den Teig, und backen Sie sie dann im Fett schwimmend goldbraun.

- Lassen Sie die Apfelringe auf Küchenpapier abtropfen und bestreuen Sie alle mit Puder- oder Zimtzucker. Dazu schmeckt eine feine Sauce aus Weinschaum.

### Veltlinerschaum-Rezept

Verrühren Sie circa $^{1}/_{4}$ l Grünen Veltliner aus Österreich oder einen anderen trockenen Weißwein mit 5 Esslöffeln Puderzucker, dem Saft $^{1}/_{2}$ Zitrone, 6 Eigelb und 1 Spritzer Grand Marnier (Orangen-Cognac-Likör). Schlagen Sie so viel, wie Sie für die Apfelringe brauchen, über einem heißen Wasserbad schaumig: Aus der angegebenen Zutatenmenge entsteht reichlich Schaum. Sie können die Hälfte der ungeschlagenen Flüssigkeit auch 1 Tag im Kühlschrank aufheben und am nächsten Abend beispielsweise zu frischen Erdbeeren oder zu einer Beerengrütze (Rezept siehe ROTE GRÜTZE) servieren. Statt Grünem Veltliner schmeckt im Weinschaum natürlich auch Riesling. Auf jeden Fall sollte es ein trockener, aromareicher Weißwein sein.

*Die Anschaffung eines Apfelausstechers lohnt sich für alle, die Äpfel auch gern als Dessert, zum Beispiel gefüllt, oder als schwäbische Apfelküchle essen, also in Teig gebacken.*

**Der vegetarische Carpaccio-Hit:**

# AUBERGINE

***Leonore Capell:*** Carpaccio kenn ich. Das sind so dünn geschnittene Scheiben von Fleisch oder Fisch, schön auf einen Teller dekoriert und mit einer feinen Sauce übergossen. Kann man das wirklich auch mit Auberginen machen, Manfred? Schmeckt das?

***Manfred Stocker:*** Wenn man sie entsprechend vorbereitet – unbedingt:

- ▶ Für 2 Personen schneiden Sie 2 Auberginen in hauchdünne Scheiben, am besten auf der Brotschneidemaschine und quer. Dann bekommen Sie schöne runde Scheibchen.
- ▶ Jetzt müssen Sie die salzen und etwas pfeffern und einzeln durch Mehl ziehen, denn sie werden gebraten.
- ▶ Braten Sie die gemehlten Scheiben in reichlich Olivenöl ganz kurz an – nicht zu heiß und nur so lange, bis sie etwas golden und knusprig werden.
- ▶ Verteilen Sie die Chips auf 2 Teller, wie Sie es von Carpaccio kennen, und marinieren Sie die Auberginen mit einer Vinaigrette aus sanftem Essig und Olivenöl (gut durchgeschlagen) und sehr kleinen Gemüsewürfelchen …

***LC:*** Was heißt das in diesem Fall? Muss ich die Auberginenscheiben längere Zeit in der Vinaigrette durchziehen lassen?

***MS:*** Bloß nicht, dann würden sie ja wieder weich. Sie besprenkeln die Auberginen nur mit der Gemüsevinaigrette.

*Das fertige Auberginen-Carpaccio, wie es im Restaurant »Stocker« serviert wird.*

- Träufeln Sie nun zum Beispiel Oliven- oder Tomatenpesto (Rezepte siehe PESTO) drüber. Mischen Sie beides vorher einmal durch, falls sich das Öl oben abgesetzt haben sollte.
- Zum Schluss hobeln Sie Parmesan über das Auberginen-Carpaccio oder bestreuen es mit geriebenem Käse.

***LC:*** Kann ich das auch mit anderem Gemüse machen?

***MS:*** Natürlich. Zum Beispiel mit Roter Bete sieht es sehr hübsch aus. Allerdings werden die gekocht und nicht gebraten. In beiden Fällen, mit Auberginen und mit Roter Bete, haben Sie eine gute und schöne Vorspeise für Vegetarier.

**Muscheln für Anspruchsvolle:**

# AUSTERN

***Leonore Capell:*** Ich hab schon mal Austern gegessen, aber ehrlich gesagt – mein Fall ist das nicht. Es schmeckte irgendwie nur nach Meerwasser.

***Manfred Stocker:*** Sie haben wahrscheinlich »Austern klassisch« bekommen – ganz pur, höchstens mit einem Tropfen Zitronensaft. Daran scheiden sich die Geister. Entweder man mag die schlabberige Muschel, die man zusammen mit ihrem Wasser aus der Muschelschale schlürft, oder man mag sie nicht. Es gibt aber viele Möglichkeiten, sie für alle schmackhaft zuzubereiten, zum Beispiel roh und asiatisch mariniert, gratiniert als **Spinatauster** oder umwickelt als **Speckauster**.

Für die **Asia-Auster**

- nehmen Sie die Austern aus der Schale und geben Sie stattdessen ein paar marinierte (also mit Salatvinaigrette gemischte) Gemüsewürfelchen hinein (zum Beispiel Tomaten-, Gurken-, grün-gelb-rote Paprikawürfelchen ohne Haut und Schale).
- Setzen Sie die Auster auf das Gemüse und geben Sie ein paar Tropfen Sojasauce und Sesamöl darüber. Etwas pfeffern, und die asiatische Auster kann serviert werden.

Die **Spinatauster** heißt in New Orleans »Auster à la Rockefeller« – erfunden Anfang des 20. Jahrhunderts zu Ehren des Multimillionärs aus New York. Dafür werden die Austern auf eine Speck-Sellerie-Spinat-Mischung gesetzt. Das finde ich zu viel des Guten und nehme nur Spinat:

- Lösen Sie die Auster aus ihrer Schale, schütten Sie das Wasser weg und setzen Sie stattdessen etwas heißen, nur 1 Minute blanchierten (blanchieren siehe BRUSCETTA) Blattspinat hinein, natürlich gewürzt mit Salz und Muskat.
- Geben Sie eine Sauce aus etwas Sahne, verquirlt mit etwas geriebenem Parmesan, über die Spinatauster und backen Sie sie ungefähr 10 Minuten bei starker Oberhitze.

## Für die **Speckauster**

- lösen Sie das Muschelfleisch wieder von der Schale und umwickeln Sie es mit sehr dünn geschnittenem Speck.
- Backen Sie die Speckauster in heißem Fett – etwas abtropfen lassen und dann zurück in die getrocknete Schale.

*Austern zu öffnen erfordert etwas Kraft. Setzen Sie den Austernöffner – oder ein sehr starkes Messer – dicht neben dem Schließmuskel an. Hebeln Sie die Schale auf. Für Nichtprofis lohnt sich ein Handschuh aus Metallgeflecht – falls der spitze Austernöffner mal abgleitet.*

**Für Guacamole und als Gratin:**

# AVOCADO

***Leonore Capell:*** Es ist immer dasselbe. Ich steh vorm Gemüsestand, drücke und quetsche eine Avocado und entscheide mich für eine weiche. Schneide ich sie zu Hause auf, ist sie innen braun. Wie finde ich die richtige?

***Manfred Stocker:*** Drücken Sie nicht lange rum. Kaufen Sie eine harte Avocado und lassen Sie die grüne Frucht in der Küche ein paar Tage liegen, bis sie sich schon auf sanften Druck weich anfühlt. Dann ist sie wirklich reif, schmeckt und hat keine braunen Flecken im Fleisch.

***LC:*** Was kann ich damit machen, außer sie wie immer mit Salz und Pfeffer auszulöffeln?

***MS:*** Mein erster Vorschlag: **mexikanische Guacamole** als Dip. Dafür schneiden Sie die Avocado rundherum ein …

***LC:*** Waagrecht oder senkrecht?

***MS:*** Das ist egal. Sie entfernen den dicken Kern – bei reifen Avocados geht das ganz leicht –, schaben das Fruchtfleisch mit einem Löffel heraus und zerdrücken es mit einer Gabel zu Mus.

***LC:*** Warum nicht in einem Mixer?

***MS:*** Weil's mit der Gabel noch schneller geht. Dann geben Sie fein geschnittene Schalotten dazu, pro Avocado circa 1 Teelöffel, außerdem 1 Teelöffel geschälte, entkernte und fein gewürfelte Tomaten (Tomaten häuten siehe BRUSCETTA) sowie klein geschnittenen Koriander (circa 1 Teelöffel voll). Dann schmecken Sie das Ganze mit ein wenig Limonensaft

*Zur echt mexikanischen Guacamole kommt reichlic[h] Chili. Für Europäer reicht eine halbe Chilischote ohn[e] Kerne pro Avocado – sehr fein geschnitten.*

ab. Der liefert leichtes Säurearoma und sorgt dafür, dass das Mus nicht braun wird. Zum Schluss noch salzen und pfeffern.

***LC:*** Sehr scharf sieht das aber nicht aus?!

***MS:*** Vielen Europäern reicht das. Bei mir kommt 1/2 sehr fein geschnittene Chilischote (oder eine Prise Chilipulver) dazu, in Mexiko sind es mehrere. Mein zweiter Tipp heißt: **Avocado-Gratin**, denn ich finde, Avocado schmeckt vorzüglich auf einem Fisch wie Saibling oder Lachs.

- Geben Sie das Avocadofleisch in einen Topf und circa 2 Esslöffel Weißwein oder Fischfond dazu. Salzen und pfeffern Sie, träufeln Sie Limonensaft drüber. Pürieren Sie alles mit einem Mixstab (oder einem Schneebesen) und stellen Sie den Topf auf den heißen Herd.
- Schlagen Sie Flöckchen von eiskalter Butter unter die Masse. So lange und so viele, bis das Avocadomus dicklich-weich ist. Die kalte Butter bindet und gibt gleichzeitig ein noch besseres Aroma: Sie ist einer der besten natürlichen Geschmacksverstärker.
- Heben Sie noch etwas geschlagene Sahne darunter – etwa 1/4 so viel wie die Masse des Avocadomuses. Dann schmeckt es »leichter«.
- Zum Schluss verteilen Sie das Mus auf den Fischfilets und überbacken sie nur mit Oberhitze bei 220 Grad ungefähr 1/4 Stunde. Dickere Fischfilets etwas länger – wenn's gut riecht, ist der »Avocado-Fisch« fertig.

***LC:*** Kann man Avocado eigentlich auch als Gemüse kochen?

***MS:*** Nein. Das ergibt nur einen matschigen Brei.

***LC:*** Und wie schmeckt das Avocadofleisch zusammen mit Süßem?

***MS:*** Gut. Es gibt zum Beispiel Obstsalaten ein nussiges Aroma.

**Österreich paniert am besten:**

# BACKHENDL

***Leonore Capell:*** Was ist ein »Bröselflieger«? – Eine Billigfluglinie? Ein österreichisches Gericht? Eine Vogelart? Ich glaube, ich muss einen Joker einsetzen, und mein Joker sind Sie, Manfred.

***Manfred Stocker:*** Wenn Wiener von »Bröselflieger« reden, meinen sie das Backhendl, und das ist ganz etwas anderes als das deutsche Brathähnchen, kein im Ganzen gebratenes Hähnchen, sondern Stücke von Hühnerfleisch in einer Panade, also einer knusprig-lockeren Hülle aus Weißbrotkrümeln, österreichisch Semmelbröseln, Ei und etwas Mehl.

*Panieren geht ganz einfach, weil Sie nur 3 Zutaten brauchen: Mehl, um das Fleisch einmal darin zu wenden; Eigelb, sozusagen als Klebstoff; Semmelbrösel, am besten noch mal gemahlen, für die eigentliche Panade.*

- Entweder nehmen Sie ein ganzes Hähnchen und schneiden die schönsten Stücke von Brust und Beinen ab – ohne Haut und Knochen in Happen für je 2–3 Bissen. Oder Sie kaufen gleich Hühnerbrust und teilen die in mundgerechte Teile. So oder so – das Fleisch muss gut gesalzen werden.
- Verquirlen Sie 2–3 Eier (für Stücke von 1 ganzen Hähnchen) – einfach mit der Gabel. Auf Schönheit kommt's dabei nicht an. Bedecken Sie einen großen Teller mit einer Schicht Semmelbrösel, die Sie vorher noch einmal durch eine Mühle oder den Küchenmixer drehen, denn die meisten Semmelbrösel sind einfach zu groß für eine gute Panade.
- Erhitzen Sie Butterschmalz – das schmeckt am besten – oder Pflanzenöl in einer Pfanne, aber nicht zu sehr, damit die Panade nicht verbrennt. Das Öl darf nicht rauchen!
- Wenden Sie die Fleischstücke in Mehl und ziehen Sie sie durch die Eiermischung. Jetzt nur noch in den fein gemahlenen Bröseln wälzen.

**LC:** Muss ich die Semmelbrösel festklopfen?

**MS:** Auf keinen Fall. Dann bekommen Sie eine Kruste, die sich mit Fett voll saugt. Die Semmelbrösel sollen nur locker am Fleisch haften. Dann schmeckt auch die Panade locker-leicht.

- Legen Sie die panierten Backhendl-Stücke ins heiße Fett. Sie brauchen ungefähr 4 Minuten, bis sie außen goldbraun und damit durchgebacken sind.
- Serviert wird das originale Backhendl mit Zitronenscheibe – ihr Saft gibt ihm die notwendige Frische – und Kartoffelgurkensalat (Rezept siehe WIENER SCHNITZEL).

**LC:** Muss ich das Butterschmalz oder das Öl hinterher wegschütten?

**MS:** Sie können es noch mal verwenden. Dafür müssen Sie es allerdings durchseihen, um die vom Fleisch abgefallenen und schwarz verbrannten Semmelbrösel rauszubekommen.

**LC:** Was empfehlen Sie als Getränk, Manfred?

**MS:** Entweder einen Grünen Veltliner, einen fruchtigen österreichischen Weißwein, zum Beispiel aus der Wachau, oder einen Almdudler, also eine typisch österreichische Kräuterlimonade.

*Das fertige Backhendlstück braucht ungefähr 4 Minuten Backzeit, bis es außen golden und innen gar ist.*

## Das flammende Dessert:

# BANANE

***Leonore Capell:*** Früher als Kind, wenn ich mit meinen Eltern ins Restaurant durfte, gab's manchmal ein Highlight. Das Dessert wurde von einem Kellner an unserem Tisch angezündet. Ist Flambieren noch angesagt, Manfred?

***Manfred Stocker:*** Heute bieten wir Köche unseren Gästen lieber feinere Aroma-Effekte als verbrannten Alkohol, denn darum geht es ja beim Flambieren. Egal, ob ein Pfeffersteak flambiert wird oder ein Dessert wie Crêpes Suzette, das ja einfach nur ein flambierter Pfannkuchen ist – mit einer entsprechenden Sauce schmeckt beides besser als abgefackelt. Für zu Hause gibt es aber ein Gericht, das ich nach wie vor sehr mag, weil es so schön schnell zubereitet ist – **flambierte Bananen**.

- Schälen Sie ein paar Bananen. Falls Sie es vor Ihren Gästen machen und deshalb das Bananenfleisch nicht mit der Hand berühren wollen, schneiden Sie die Enden ab und halbieren Sie die Banane mit dem Messer. Dann rollen Sie die Schale mit einer Gabel einfach ab.
- Braten Sie die Bananenhälften in etwas heißer Butter bei relativ geringer Hitze auf beiden Seiten ungefähr 2 Minuten, dann kommen sie auf Teller.
- Lösen Sie etwas Zucker in der Butter. Er darf ruhig karamellisieren. Löschen Sie mit einem guten Schuss Orangensaft und einem Spritzer Zitronensaft ab und geben Sie Marillenmarmelade zu, circa 1 Esslöffel auf 4 Bananen.

***LC:*** Marillen sind doch auf Österreichisch das, was wir Deutschen Aprikosen nennen …

***MS:*** Richtig. Lassen Sie die Sauce kochen, bis die Marmelade sich aufgelöst hat, 2–3 Minuten, und legen Sie die Bananen wieder hinein.

- Flambieren Sie alles mit etwas Grand Marnier - einfach den französischen Orangen-Cognac-Likör über die Bananen gießen und anzünden!
- Falls Sie mögen, dekorieren Sie die Bananen zusammen mit etwas steif geschlagener und leicht gezuckerter Sahne auf Teller und überstreuen sie mit gerösteten Mandelsplittern.

*Die feine Art, Bananen zu schälen. Halbieren, eine Gabelzinke unter die Schale schieben und die Gabel drehen, so dass die Schale sich aufrollt.*

## »Süppchen« für Verwöhnte:

# BEEFTEA

***Leonore Capell:*** Sie wollten mich ja mit etwas ganz Besonderem verwöhnen, Manfred, aber mit »Fleischtee«? Was soll denn das sein?
***Manfred Stocker:*** Wer Gäste überraschen will, serviert ihnen diesen »Tee« in einer Mokkatasse.
***LC:*** … aber der besteht ja nur aus Brühe!
***MS:*** Nein, aus etwas viel Besserem. Fleischbrühe, im Küchendeutsch heißt sie Bouillon, muss nicht geklärt sein und darf sogar Fettaugen haben (»klären« und »entfetten« siehe CONSOMMÉ). Ihre glasklare und fettfreie Verbesserung nennen wir Köche Consommé. Sozusagen der Gipfel aller Fleischbrühen ist aber der Beeftea, denn für ihn wird die Consommé noch einmal konzentriert. Sie schmeckt dann noch »fleischiger«. Und dafür gibt es eine einfache Methode:

**Trick Nr. 1:** Kochen im Einweckglas – denn darin stelle ich den »Tee« her. Für 4 Personen schneiden Sie 100–150 g Rindfleisch von der Wade – Metzger nennen es »Hesse« – in 1 x 1 cm große Würfel oder drehen es durch die mittlere Scheibe des Fleischwolfes. Zusammen mit 1/2 geschälten Karotte, 1 Schalotte, 1/4 Sellerie, 1/4 Stange Porree, 2 geschälten und entkernten Tomaten (alles in kleinen Würfeln) sowie 1 Lorbeerblatt, 3 Zweigen Petersilie, 4 weißen Pfefferkörnern und 1,5 l kaltem Wasser kommt das alles in ein Einmachglas und wird verschlossen.
**Trick Nr. 2:** Geduld, Geduld, Geduld – die Fleisch-Gemüse-Mischung muss mindestens 3 Stunden langsam in einem nicht kochenden Wasserbad vor sich hinziehen und danach noch ungefähr 1/2 Stunde außerhalb.

**Trick Nr. 3:** Legen Sie ein Stück Stoff oder ein Blatt Backpapier auf den Boden eines größeren Topfes. Beides verhindert, dass das Glas platzt, wenn es über den Topfboden Hitze vom Herd bekommt. Füllen Sie den Topf mit Wasser und bringen Sie es bei mittlerer Hitze zum Sieden. Nach der Koch- und Ruhezeit, also nach rund 3 1/2 Stunden, wird der Beeftea durch ein Tuch passiert. Dann noch mal abschmecken und in einer Mokka- oder Teetasse ohne Einlage servieren. Er schmeckt so gut, dass man damit sogar Vegetarier in Versuchung führen kann.

**Trick Nr. 4:** Eiskalt mit Kaviar - auch so schmeckt Beeftea. Lassen Sie die gefüllten Tassen im Kühlschrank kalt werden. Der »Tee« geliert leicht, wird also - je nach der verwendeten Fleischmenge - halb bis fast fest. Jetzt müssen Sie nur noch etwas Crème fraîche mit Salz, sehr wenig Cayennepfeffer und etwas Limonensaft abschmecken, auf den Tee geben und darauf eine Nocke (für Nicht-Österreicher: ein Klößchen) Kaviar setzen. Dann haben Sie eine ausgesprochen feine Vorspeise für besondere Feste.

*Am schönsten sieht Beeftea aus, wenn er in gläsernen Tassen serviert wird. Dann wirkt er heiß und pur ebenso vornehm wie kalt und mit Kaviar.*

## »Abendkleid« für zartes Fleisch:
# BLÄTTERTEIG

***Leonore Capell:*** Dass Blätterteig aus mehreren Schichten besteht, sagt ja schon der Name. Und man sieht es ihm auch an. Wissen Sie eigentlich, wie viele es sind, Manfred?

***Manfred Stocker:*** Ja. Es sollen genau 144 sein, denn der Grundteig soll 12 x ausgerollt, mit Butter dazwischen zusammengefaltet und wieder ausgerollt werden.

***LC:*** Muss ich das wirklich selbst machen?

***MS:*** Nein, kaufen Sie lieber fertigen Blätterteig. Man braucht einiges an Erfahrung, um ihn selbst perfekt hinzukriegen. Der fertig angebotene ist heute von guter Qualität. Ich schlage vor, Sie machen für einen besonderen Tag mal **Lammrücken in Blätterteig**:

*Zum Schneiden des Lammrückens im Blätterteigmantel brauchen Sie ein sehr scharfes Messer. Am einfachsten geht's mit einem Sägemesser!*

**Trick Nr. 1:** Die kalte Arbeitsfläche – rollen Sie Blätterteig nur auf einer kalten Arbeitsfläche aus. Er enthält ja relativ viel Butter, und wenn die zu warm wird, schmilzt Ihnen der Teig weg. Deshalb müssen Sie das Fleisch, das Sie in Blätterteig einschlagen wollen, auch vor dem Ausrollen vorbereiten und den Teig – direkt aus dem Kühlschrank – dann möglichst schnell ausrollen.

**Trick Nr. 2:** Wirsingblätter als Wickel fürs Lamm – sie geben dem Fleisch ein noch raffinierteres Aroma. Blanchieren Sie 5–6 Wirsingblätter (Blanchieren siehe BRUSCETTA), aber nicht die äußersten groben, sondern welche von innen, die hell- statt dunkelgrün sind: 1 x kurz durch siedendes Salzwasser ziehen, kalt abschrecken, in feine Streifen schneiden, gut ausdrücken und auf dem Blätterteig verteilen.

**Trick Nr. 3:** Schinken als Aromageber – belegen Sie den ausgerollten Blätterteig nicht nur mit den Wirsingblättern, sondern auch mit einigen Scheiben Parmaschinken. Dann schmeckt's besonders gut.

**Trick Nr. 4:** Farbe fürs Lamm – braten Sie den ausgelösten Lammrücken nur kurz an. Er soll bloß eine angenehme Farbe bekommen, aber auf keinen Fall durchbraten. Wickeln Sie ihn in den Wirsing-Schinken-Blätterteigmantel. Drücken Sie den Rand fest zusammen und schneiden Sie überstehenden Teig ab.

***LC:*** Kann ich die Reste wieder verkneten und für etwas anderes verwenden?

***MS:*** Verwenden – ja, kneten – nein. Damit zerstören Sie die »Blätter«. Falten Sie die Teigreste zusammen und rollen Sie den Klumpen dann wieder aus. Zum Beispiel für gefüllte Croissants (Rezept siehe FINGERFOOD).

**Trick Nr. 5:** Ei für die schöne Farbe – bestreichen Sie den Blätterteig mit Eigelb. Schieben Sie den umhüllten Lammrücken dann auf einem Backblech in den auf 200 Grad vorgeheizten Backofen und backen Sie ihn ungefähr 15 Minuten. Fertig ist er, wenn die Blätterteigkruste goldbraun und knusprig aussieht.

**Trick Nr. 6:** Frischer Thymian fürs Fleisch – würzen Sie die aufgeschnittenen Lammrückenscheiben im Blätterteigmantel mit frischem Thymian. Der liefert auch eine schöne Deko.

## Die kulinarische Winterfreude:

# BRATAPFEL

***Leonore Capell:*** Alte Kachelöfen haben meist noch ein spezielles Bratapfelloch. Da steckt man in der kalten Jahreszeit einfach Äpfel rein, wartet, bis das ganze Zimmer süß-apfelig riecht, und löffelt dann das Mus aus der Schale. Manfred, wie macht man heute Bratäpfel?
***Manfred Stocker:*** Mein Vorschlag – füllen Sie säuerliche Äpfel wie etwa Boskop oder kleine rotbackige Weihnachtsäpfel und braten Sie sie im Backofen.

- Verrühren Sie für die Füllung etwas Marzipanrohmasse (vom Bäcker oder aus dem Supermarkt) mit einem Schuss Rum, einer Mischung aus gehackten Wal- und Haselnüssen plus Mandeln und Rosinen, die Sie vorher 1 Stunde in Rum mariniert haben.

***LC:*** Weißem oder braunem Rum?
***MS:*** Ich empfehle braunen, weil er aromatischer ist als der weiße, aber es muss natürlich kein zehn Jahre alter, superteurer Rum sein.

- Schneiden Sie das obere Viertel jedes Apfels mit dem Stiel ab. Höhlen Sie den unteren Teil mit einem Parisienneausstecher …

***LC:*** Was ist das denn?
***MS:*** Der Küchenname für einen Apfelausstecher. Aber weiter: Entfernen Sie mit einem Ausstecher oder einfach mit einem Teelöffel das Kerngehäuse, höhlen Sie also den Apfel etwas aus, und geben Sie die Füll-

masse hinein. Darauf kommt noch je 1 Butterflöckchen. Das betont das Mandelaroma des Marzipans und macht den Bratapfel noch saftiger.

- Legen Sie den »Deckel« drauf, stellen Sie die Äpfel auf ein Blech und backen Sie Ihre Apfeldelikatesse im vorgeheizten Ofen bei 200 Grad etwa 10 Minuten lang.
- Bepinseln Sie alle Äpfel mit etwas zerlassener heißer Butter. Dann bekommen sie einen schönen Glanz – als Dessert zusammen mit einer Punschsabayon oder als Beilage zu gebratener Ente.

***LC:*** Was ist eine Sabayon, Manfred?
***MS:*** Eine Schaumsauce aus Ei und Zucker, die in der Gastronomie aber immer unter ihrem französischen Namen angeboten wird.
***LC:*** Gibt es einen Wein, der zum Bratapfeldessert passt?
***MS:*** Einer, der auch aus Rosinen gemacht wird, zum Beispiel eine Beerenauslese aus dem Burgenland.

*So gibt's Bratapfel im »Stocker« – mit dekorativen Zuckerfäden. Hübsch, aber für den guten Geschmack zu Hause überflüssig.*

**Punsch-Sabayon-Rezept für 4 Bratäpfel:**

- Lassen Sie 300 ml Rotwein, also etwa 1/2 Flasche, des kräftigeren Aromas wegen auf die Hälfte einkochen – zusammen mit 1 Zimtstange und 1 Gewürznelke.
- Mischen Sie den eingekochten Zimt-Nelken-Rotwein mit dem Saft von 1 Orange und 1 Zitrone, circa 3 Esslöffeln Puderzucker, 1 Schnapsglas Rum (1 cl), 2 Schnapsgläsern Crème de Cassis (Johannisbeerlikör) und 2 Schnapsgläsern Grand Marnier (Orangen-Cognac-Likör) oder Calvados (Apfelschnaps). Verrühren Sie alles mit 7 Eigelb. Entfernen Sie Zimtstange und Nelke.
- Schlagen Sie die Sauce über Dampf (großer Topf mit heißem Wasser, Rührschüssel darübergehängt) schaumig. Vorsicht: Das Wasser für den Dampf darf nicht mehr kochen, sonst wird die Sauce zu heiß und die Eier gerinnen zu Rührei. Sobald die Sauce schaumig wird, nehmen Sie das »Wasserbad« vom Herd und schlagen noch circa 1 Minute weiter. Dabei wird der Schaum stabiler.
- Verteilen Sie die Sabayon auf den Tellern, setzten Sie die Bratäpfel in die Mitte und garnieren Sie alles mit Zitronenmelisse und etwas Puderzucker.

**Extratipp:** Die fertig verrührte, aber nicht schaumig geschlagene Sabayon-Sauce kann im Kühlschrank aufbewahrt und kurz vor dem Servieren aufgeschlagen werden. Der rohen Eigelb wegen aber nicht länger als 12 Stunden aufheben, sonst könnten sich in ihnen schädliche Keime entwickeln.

***LC:*** Warum nennen Sie die Bratapfelsoße Punsch-Sabayon?

***MS:*** »Punsch« ist die englische Verballhornung eines indischen Wortes für »fünf«. In einen »echten« Punsch gehören deshalb fünf Alkoholika, und für unsere Sabayon haben wir immerhin vier verwendet: Rotwein, Rum, Crème de Cassis und Grand Marnier.

## »Großes« Fleisch auf elegante Art:

# BRATEN

***Manfred Stocker:*** Manchmal hab auch ich Sehnsucht nach einem ganz altmodischen »großen Braten«. Am schwierigsten daran ist eigentlich die Entscheidung, worauf ich Lust habe – auf Geschmortes oder »nur« Gebratenes …

***Leonore Capell:*** Was ist der Unterschied?

***MS:*** Zum Schmoren verwenden wir Köche Fleischstücke, die eher zäh und sehnenreich sind, denn durch das langsame Garen – nach einem schnellen Anbraten von allen Seiten – in einer Flüssigkeit, zum Beispiel Wein, wird das Fleisch sehr weich, und die Sehnen lösen sich auf. Fürs »Nur-Braten« wird Fleisch genommen, das von sich aus zart und weitgehend sehnenfrei ist. Das kommt nach einem kurzen Anbraten in den Ofen und gart ohne Flüssigkeit.

***LC:*** Kann man beides auch für zwei Personen machen?

***MS:*** Man kann, aber am besten schmecken beide Braten mit einem großen Stück Fleisch, also laden Sie ruhig Gäste ein. Für 4 Personen brauchen Sie zum Beispiel für eine **geschmorte Rehschulter** 1,5–2 kg. Ich serviere sie mit **Rosenkohlblättern** und **Schupfnudeln**. Für **Kalbskarree im Ganzen gebraten** reicht 1 kg. Das finde ich am besten mit **Spargel** und **Spitzmorcheln in Kerbelrahm**. Der österreichische Rahm ist übrigens nichts anderes als die deutsche Sahne. Lassen Sie uns mit der Rehschulter anfangen:

- Waschen Sie das Fleisch kurz ab, um Blut und eventuell anhaftende Knochensplitter zu entfernen. Trocknen Sie es gut ab.
- Würzen Sie die Rehschulter mit Salz und Pfeffer. Braten Sie das Fleisch in einem Bräter von allen Seiten in heißem Öl an. Nehmen Sie es aus dem Bräter und gießen Sie das Öl weg.
- Erhitzen Sie im Bräter 2 Esslöffel Öl und braten Sie daran 4 geschälte und gehackte Zwiebeln, 2 Karotten und 1/2 Sellerie in Würfeln an.
- Geben Sie circa 2 Esslöffel Tomatenmark dazu, mischen Sie alles und lassen Sie es kurz mitbraten. Dann wird die Mischung mit circa 1 Esslöffel Mehl bestäubt, wieder kurz gebraten und mit circa 1 Esslöffel Butter gelöst.
- Löschen Sie alles mit je 1 kleinen Schuss Port- und Rotwein ab, lassen Sie beides bei mittlerer Hitze völlig einkochen und geben Sie den nächsten Schuss zu. Insgesamt brauchen Sie – in mehreren Portionen – etwa 1/8 l Port- und 1/3 Flasche Rotwein.

***LC:*** Warum soll ich die Weine nach und nach zugeben und nicht auf einmal?
***MS:*** Dadurch kochen sie schneller ein, ihr Aroma verbindet sich besser mit dem des Gemüses.

- Geben Sie 2 Lorbeerblätter, rund 15 Pfefferkörner, 8 Wacholderbeeren und 6 Pimentkörner zu, außerdem circa 5 Esslöffel Preiselbeeren aus dem Glas. Legen Sie die Rehschulter in den Bräter und gießen Sie circa 1 l Kalbsfond (oder Fleischbrühe) zu.
- Decken Sie den Bräter mit Alufolie ab und lassen Sie das Fleisch 2–3 Stunden auf dem Boden des 150 Grad heißen Backofens vor sich hin schmoren.

***LC:*** Wozu soll die Alufolie gut sein?
***MS:*** Sie verhindert, dass die Sauce zu sehr einkocht, aber da die Rehschulter im Bräter insgesamt 3- bis 4-mal gewendet werden sollte, können

Sie jederzeit etwas Kalbsfond nachfüllen, wenn Ihnen trotz Folie zu viel verdunstet sein sollte.

- Stechen Sie das Fleisch nach 2 Stunden an. Bietet es der Gabel keinen Widerstand mehr, ist es weich genug und kann herausgenommen werden.
- Passieren Sie die Sauce durch ein Haarsieb.
- Lassen Sie circa 1/4 l Rotwein plus einen letzten Schuss Portwein in einem kleinen Topf so lange einkochen, bis nur noch die Hälfte vorhanden ist. Mischen Sie diesen Weinfond unter die Sauce. Er verstärkt das Aroma.
- Schmecken Sie die Sauce mit Preiselbeeren (circa 1 Esslöffel) und einem Schuss Orangensaft ab.

**Schupfnudelrezept für 4 Personen**

- Mischen Sie einen festen Teig aus einem knappen Pfund (circa 450 g) am Vortag gekochter und durchgedrückter Kartoffeln (mehlig kochend!), 2 Eigelb, circa 150 g Mehl, 2 Esslöffeln brauner Butter (einfach in einem kleinen Topf schmelzen und etwas bräunen lassen), Salz und etwas Muskat.
- Rollen Sie aus dem Teig mit den Händen Kugeln und formen Sie diese zu Schupfnudeln – in der Mitte dick, zu den Enden hin dünne Schwänzchen. Lagern Sie die fertigen Nudeln auf einem mit Mehl bestäubten Brett.
- Legen Sie die Schupfnudeln in leicht kochendes Salzwasser. Sie sind gar, sobald sie an der Oberfläche schwimmen.
- Nehmen Sie die Nudeln aus dem Wasser, lassen Sie sie abtropfen und braten Sie sie dann in einer Pfanne in Butter kurz an.

**Rosenkohlrezept für vier Personen**

- Schneiden Sie von 400 g Rosenkohlknospen den Strunk ab und lösen Sie die einzelnen »Blüten«-Blätter ab.
- Blanchieren Sie die Blättchen kurz in kochendem Salzwasser (Blanchieren siehe GELATINE). Nicht vergessen: in Eiswasser abschrecken!
- Schneiden Sie 1 Schalotte und ebenso viel Speck (je circa 50 g) in Würfelchen und schwitzen Sie beides in Butter an.
- Fügen Sie die abgetropften Rosenkohlblätter zu und schmecken Sie alles mit etwas Salz und Pfeffer ab.

*Das Ablösen der »Blüten«-Blätter erfordert etwas Geduld, aber kurz blanchiert sehen sie noch besser aus als ganze »Knospen«.*

***LC:*** Warum soll ich den Rosenkohl mühsam in einzelne Blätter auflösen?

***MS:*** Sie sehen noch hübscher aus als die ganzen Knospen, behalten durch das Blanchieren als Einzelblätter ihre schöne grüne Farbe und schmecken auch besser – nicht rosenkohlig herb-bitter, sondern rosenkohlig süß.

***LC:*** Und was ist mit dem Kalbsbraten?

***MS:*** Geht schon los: Das zu bratende **Kalbskarree** müssen Sie beim Metzger vorbestellen – mit Knochen!

- Schaben Sie die frei liegenden Knochen mit einem kleinen Messer sauber. Dann sehen sie beim Servieren einfach hübscher aus.
- Würzen Sie das Fleisch mit Salz und Pfeffer. Braten Sie es in etwas Butterschmalz scharf an und geben Sie es dann für ungefähr 50 Minuten in den 160 Grad heißen Backofen.
- Fügen Sie nach ungefähr 20 Minuten etwas frischen Rosmarin, Thymian und 1–2 ungeschälte Knoblauchzehen dazu.
- Löschen Sie alles mit 1/8 l Wasser ab. Begießen Sie den Braten damit bis zum Ende der Garzeit noch 2- bis 3-mal.
- Lassen Sie das Fleisch nach Ende der Garzeit unbedingt noch rund 15 Minuten außerhalb des Ofens ruhen, damit sich das Fleisch entspannt und der Bratensaft gut verteilt.
- Sobald Sie die Beilagen fertig haben, kommt das Kalbskarree zum Aufwärmen noch einmal für ungefähr 10 Minuten in den Ofen.

**Spargelrezept**

Für 4 Personen brauchen Sie 16 Stangen Spargel, bei denen die holzigen Enden großzügig abgeschnitten werden müssen. Ebenso großzügig geschält – mit einem Sparschäler von kurz unterhalb der Köpfe bis zum Ende – werden sie in sprudelndem Salzwasser mit etwas Zucker und dem Saft 1 Zitrone gekocht. Beides verstärkt den Spargelgeschmack. Heute sollen die Stangen nicht mehr schlaff von der Gabel hängen wie früher auch in der Haute Cuisine, sondern so knackig bleiben, dass man sie am unteren Ende halten und aufrecht stellen kann.

***LC:*** Schmecken sie so besser?

***MS:*** Ja. Das Spargelaroma ist bei knackig gekochten Stangen viel intensiver. Außerdem haben sie mehr »Biss«.

**Spitzmorchel-Kerbel-Rahmsaucenrezept für 4 Personen**

- Entfernen Sie die Stiele von 400 g Morcheln, schneiden Sie große Pilze durch und wässern Sie alle mindestens 3 x in frischem Wasser. Nur so bekommen Sie den Sand aus den wabenartigen Falten des Pilzhutes.
- Schwitzen Sie in einer Pfanne 2 geschälte und fein gewürfelte Schalotten in 1 Esslöffel Butter an. Geben Sie die abgetropften Morcheln dazu und braten Sie sie kurz an.
- Löschen Sie die Pilze mit 1 Becher Rahm (gleich Sahne) ab, salzen und pfeffern Sie alles. Lassen Sie die Sauce etwas einkochen (auf rund 1/4 weniger).
- Schneiden Sie 1 kleinen Bund Kerbel fein, geben Sie ihn zu der Sauce und schmecken Sie eventuell noch mit etwas Zitronensaft ab.
- Entfetten Sie den beim Braten entstandenen Saft mit Küchenpapier, indem Sie die Bögen mehrmals über die Oberfläche des Saftes ziehen (Entfetten siehe auch CONSOMMÉ). Geben Sie 4–5 Esslöffel davon in den Morchelkerbelrahm und lassen Sie die Sauce noch mal etwas einkochen.
- Zum Servieren schneiden Sie das Kalbskarree in Koteletts. Morcheln und Spargel werden daneben dekoriert.

***LC:*** Gibt es zur Spargelzeit überhaupt Spitzmorcheln? Pilze wachsen doch erst im frühen Herbst …

***MS:*** Morcheln sind die einzigen Pilze, die im späten Frühjahr »reif« sind. Zu einer anderen Jahreszeit können Sie statt frischer auch getrocknete verwenden. Sie sind teuer, aber im Geschmack ebenfalls sehr gut. Wenn Sie die Trockenpilze in die Sauce bröseln, brauchen Sie nur rund 10 Stück, weil sie sehr intensiv schmecken. Wässern Sie die Pilze vorher, sollten es je 4 pro Person sein.

## Perfekt golden und knusprig:

# BRATKARTOFFELN

***Leonore Capell:*** Bratkartoffeln richtig hinzukriegen, schön kross, goldbraun und nicht entweder blässlich-krank oder dunkelschwarz verbrannt – das gehörte wahrscheinlich für unsere Großmütter zum Einmaleins des Kochens. Ich geb's ehrlich zu: Mir gelingt es nur selten. Was mach ich falsch, Manfred?

***Manfred Stocker:*** Man muss wirklich eine ganze Menge Profitricks beherrschen, um Kartoffeln richtig zu braten:

**Trick Nr. 1:** Die richtige Sorte – »fest kochende« oder »überwiegend fest kochende« statt »mehlig kochende« Kartoffeln, denn die zerfallen zu schnell. Die entsprechende Angabe steht heute auf oder an jedem Kartoffelangebot. Achten Sie beim Einkaufen drauf!

**Trick Nr. 2:** Am Tag vorher kochen und heiß schälen – dann zerfallen die Kartoffeln beim Scheibenschneiden nicht! Die geschälten Kartoffeln kommen für 24 Stunden in den Kühlschrank – ohne Abdeckung, damit ihre Feuchtigkeit verdunsten kann!

**Trick Nr. 3:** Die richtige Pfanne – meine Kochkollegen und ich benutzen eine schwere Eisenpfanne, dann bräunen die Kartoffelscheiben am schönsten. Eine Teflonpfanne geht auch, aber sie sollte keine Kratzer haben, weil die Scheiben sonst leicht festkleben und beim Abkratzen zerfallen.

**Trick Nr. 4:** Das richtige Fett – Pflanzenöl, geklärte Butter (Herstellung siehe STEAK) oder fertig gekauftes Butterschmalz sind in Ordnung, weil sie reichlich Hitze vertragen können. Olivenöl und Butter tun das nicht.

*Die schwere Eisenpfanne ist ideal für Bratkartoffeln und zum Beispiel Spiegelei. Teflonpfannen eignen sich für alles, was leicht klebt, Fisch etwa. Kupferpfannen benutzen Gourmets gern, zum Beispiel zum Karamellisieren. Profiköche brauchen sie nicht.*

***LC:*** Müssen die Kartoffelscheiben in Fett schwimmen?

***MS:*** Das nicht, aber sie sollen auf dem Fett glatt herumrutschen können.

**Trick Nr. 5:** Nicht zu viel Scheiben in die Pfanne – am schönsten bräunen die Kartoffeln, wenn nur der Boden bedeckt ist.

**Trick Nr. 6:** Speck spät zugeben – er gibt Bratkartoffeln den typischen Geschmack, aber man darf ihn erst zugeben, wenn die Kartoffeln schon goldbraun sind. Sonst verbrennt der klein gewürfelte Bauchspeck zu schwarzen Klümpchen. Er muss nur kurz durchgeschwenkt werden, bis die Würfelchen hellbraun sind.

**Trick Nr. 7:** Zum Schluss fein geschnittene Frühlingszwiebeln und Schnittlauch unterheben – beides gibt den Bratkartoffeln Frischaroma. Danach wird nach Geschmack gepfeffert.

**Trick Nr. 8:** Salz kommt als Allerletztes – sonst werden die Bratkartoffeln wieder lasch, bevor sie auf dem Teller sind.

**Extratipp für die Benutzer von Eisenpfannen:** Nicht mit Spülmitteln spülen, nur mit Küchenpapier auswischen. Sollte doch mal etwas sehr stark angebrannt sein: Pfanne mit etwas Salz oder mit rohen Kartoffelscheiben auf den sehr heißen Herd stellen, bis sie fast glüht. Dann lösen sich alle Verkrustungen.

### Kartoffelkunde

Es gibt Dutzende von Sorten, aber nur zwei Unterschiede sind fürs Kochen wichtig:

**»Fest kochende« Kartoffeln** (oder »überwiegend fest kochende«) eignen sich am besten für alle Gerichte, bei denen ganze Kartoffelscheiben am schönsten aussehen: Bratkartoffeln, Kartoffelsalat, Kartoffelgratin, aber auch für Salz- oder Petersilienkartoffeln. Die so genannten Frühkartoffeln, die ab März als Erstes auf den Markt kommen, sind nicht nur klein und besonders schmackhaft, sondern immer auch »fest« oder »überwiegend fest kochend«.

**»Mehlig kochende« Kartoffeln** nimmt man für alles, wofür die Kartoffeln zerstampft werden, also zum Beispiel für Püree oder Gnocchi, Schupfnudeln und Kartoffelknödel. Sie enthalten mehr Stärke als die »fest kochenden«, kleben also mehr und geben Pürees und Klößen deshalb mehr »Bindung«.

**Violett bis blau gefärbte Kartoffeln?** Sie sind besonders hübsch, kommen aus Frankreich, sind »fest kochend« und liefern einen optischen Gag – einzeln im Kartoffelsalat, als blaues Kartoffelpüree oder ganz dünn geschnitten und frittiert als Strohkartoffeln auf einem warmen Fisch- oder Krustentiergericht.

**Süßkartoffeln**, die auch Bataten heißen? Sie sind mit unseren Kartoffeln weder verwandt noch verschwägert – botanisch gesehen. Ihr Fruchtfleisch ist orange und schmeckt etwas süßlich. Bataten eignen sich nicht zum Braten, weil sie in Scheiben geschnitten leicht zerfallen, aber ein Süßkartoffelpüree zu gebratenen Jakobsmuscheln ist der Hit!

**Kartoffellagerung?** Ungeschälte Kartoffeln sollten nur ungewaschen, kühl und trocken gelagert werden. Rohe, geschälte Kartoffeln halten sich in kaltem Wasser maximal 12 Stunden (je kleiner, desto kürzer!). Gekochte Kartoffeln bleiben im Kühlschrank ungefähr 2 Tage essbar. Unabgedeckt, sonst werden sie im eigenen Saft seifig-glitschig.

**Gift in Kartoffeln?** Davor warnten unsere Mütter, vor grünen Stellen und Keimen, die »unbedingt« rausgeschnitten werden müssen, weil sie das Gift Solanin enthalten. Tun Sie's, aber fürchten Sie sich nicht, wenn Sie – zum Beispiel bei einer Frühkartoffel – mal etwas Grünes mitessen. Es schmeckt nicht sonderlich gut, aber die Minimenge Solanin, die Sie dabei aufnehmen könnten, macht noch nicht mal Magendrücken.

**Resteverwertung à la Toscana:**

# BROTSALAT

***Leonore Capell:*** Jeder kennt das. Der Hunger ist groß, aber zu Hause liegt nur noch etwas altes Baguette herum, zwei, drei Schinkenscheiben, ein paar kümmerliche Tomaten, ein bisschen Parmesan. Was nun, Manfred?

***Manfred Stocker:*** Wenn Sie außerdem Olivenöl und Essig im Haus haben, am besten Balsamico-Essig, eignen sich Ihre Reste hervorragend für einen **Toskanischen Brotsalat**:

- Schneiden Sie das Weißbrot in dünne Scheiben und rösten Sie es in etwas Olivenöl auf beiden Seiten goldbraun.
- Verzichten Sie, wenn's schnell gehen soll, auf das Häuten und Entkernen der Tomaten. Schneiden Sie sie nur in Spalten, den Schinken in Streifen. Der Parmesan wird, wenn er nicht schon gerieben ist, übers Brot gehobelt. Mischen Sie alles in einer Schüssel, geben Sie etwas Balsamico-Essig drüber.

**Salattrick Nr. 1:** Halten Sie die Essigflasche mit dem Daumen fast zu und schütteln Sie immer nur ein paar Tropfen über den Salat. So verhindern Sie, dass zu viel Essig ausläuft und alles viel zu sauer wird. Sehr praktisch sind Essigflaschen mit Sprühverschluss, die es seit kurzem gibt. Da verteilt sich das Saueraroma noch gleichmäßiger.

- Pfeffern und salzen Sie den Salat, aber Letzteres nur vorsichtig, weil Schinken und Käse ja reichlich Salz enthalten.
- Träufeln Sie das Olivenöl über den Salat und mischen Sie alles noch mal gut durch.

**Salattrick Nr. 2:** Ob angerührte Vinaigrette oder ein großzügiger Schuss über den Salat – Öl kommt immer erst zum Schluss, als letzte Zutat dazu. Der Grund? Gibt man es als Erstes in die Salatschüssel, hüllt das Öl alle folgenden Zutaten in einen dünnen Film und lässt das Aroma von Salz, Pfeffer und Essig nicht mehr richtig an den Salat ran.

- Lassen Sie den Toskanischen Brotsalat noch etwas durchziehen, wenigstens 1/4 Stunde lang. Dann vermischen sich die Aromen besser, die gerösteten Weißbrotscheiben werden weicher und nehmen mehr Sauce auf. Sie sollten nur noch halb knusprig sein. Wenn Sie rechtzeitig dafür einkaufen und den Toskanischen Brotsalat nicht als Notlösung zubereiten, passt natürlich frisches Basilikum dazu und Rucola-Salat.

*So wird Toskanischer Brotsalat bei Manfred Stocker serviert – mit geräucherten Wachtelbrüstchen (Rezept siehe Kürbis).*

## Urlaubsgefühle auf die Schnelle:

# BRUSCETTA

***Leonore Capell:*** Ferienfeeling kann ich schon mit einem Tomaten-Olivenöl-Brot kriegen – in einem guten italienischen Restaurant. Da denke ich sofort an Sonne, Urlaub, Strand, Mittelmeer. Manfred, wie kann ich das zu Hause hinzaubern?

***Manfred Stocker:*** Bruschetta, das die Italiener Bruscetta schreiben, ist ein Klassiker der Antipastiküche. Weil mit relativ wenigen, einfachen Zutaten auf Scheiben von Ciabatta-Brot oder Baguette ganz schnell etwas Gutes zu machen ist.

**Trick Nr. 1:** Die Tomaten schälen – ich nehme vollreife Flaschentomaten. Die werden am Strunk kreuzweise eingeschnitten und blanchiert, das heißt: Sie werden für circa 1 Minute in kochendes Wasser gelegt, wieder herausgenommen und mit Eiswasser abgeschreckt (einfach ein paar Eiswürfel in eine Schüssel, Wasser drüber und die Tomaten auf dem Sieblöffel einmal kurz durchziehen). Jetzt lässt sich die Haut ganz leicht mit einem Küchenmesser abziehen. Kaltes Wasser aus der Leitung tut's aber auch. Dann werden die Tomaten geviertelt und die Kerne herausgenommen. Daraus kann man, wenn man Tomaten-Bruscetta für viele Freunde vorbereitet, später eine gute Suppe kochen (siehe klare TOMATENESSENZ) oder statt Tomatenmark zum Tomatisieren eines Fonds verwenden (siehe FOND). Das Fruchtfleisch schneiden Sie in kleine Würfel.

**Trick Nr. 2:** Brot rösten – besser als aus dem Toaster schmecken die Ciabatta-Scheiben, wenn sie auf einer Seite in heißem Olivenöl geröstet werden, und zwar in einer Pfanne, die Sie vorher mit einer Knoblauchzehe ausgerieben haben.

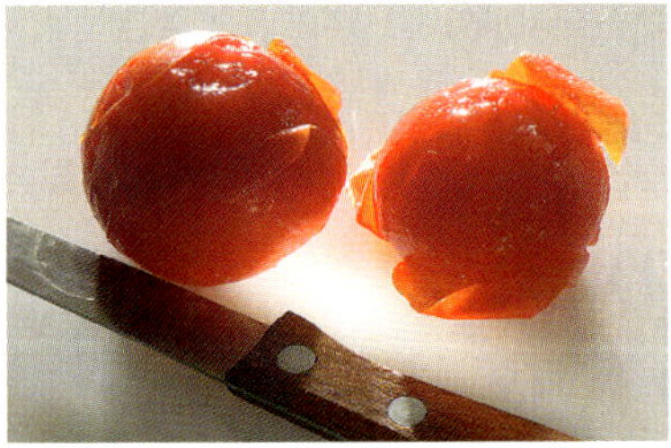

*So ist Tomatenschälen ganz einfach: Kurz in siedendes Wasser tauchen (etwa 1 Minute), in kaltem Wasser abschrecken, abziehen.*

**Trick Nr. 3:** Frische Kräuter zu den Tomaten – schneiden Sie etwas Basilikum, eventuell Thymian und Petersilie fein und mischen Sie sie unter die Tomatenwürfel. Gewürzt wird mit Salz, Pfeffer und etwas Olivenöl. Die Masse, die Sie dann auf den gerösteten Broten verteilen, soll ziemlich fest wirken.

**Extratipp:** Mischen Sie unter einen Teil der Tomatenmasse mal eingelegte Sardellen, klein geschnitten, unter einen anderen Kapern oder Olivenscheibchen. Das bringt Abwechslung.

## Was ist »Blanchieren«?

Der Küchenprofiausdruck fasst zwei Vorgänge zur Behandlung von Gemüse zusammen – das kurze Garen in kochendem Wasser und das Abschrecken hinterher in eiskaltem.

**Effekt des Kurzgarens:** Das Gemüse behält seinen »Biss«. Aroma, Vitamine und Mineralstoffe werden nicht durch langes Kochen ausgewaschen.

**Vorteile des Abschreckens:** Alle Garvorgänge im Inneren des Gemüses werden abrupt gestoppt. Es wird also nicht weicher und – das ist besonders für grünes Gemüse wie Erbsen oder Schnittbohnen wichtig – behält seine Farbe.

**Garzeiten:** Je kleiner die Stücke, umso kürzer. Versuchen Sie nicht, sich mühsam Blanchierzeiten zu merken. Probieren Sie's an 1 Zuckerschote (circa 2 Minuten), Schnittböhnchen (circa 3 Minuten) oder 1 Stück grünem Spargel (circa 5 Minuten) aus. »Richtig« ist das Gemüse, wenn Ihnen »Biss«, Farbe und Geschmack nach dem Blanchieren zusagen.

## Mit Kräutern wird sie High-Class:

# BUTTER

***Leonore Capell:*** In der Küche komme ich mir oft verloren vor. Nur wenn ich Sie an meiner Seite habe, Manfred, ist »alles in Butter« …

***Manfred Stocker:*** Wenn's um Buttermischungen geht, haben Sie auch zu Hause kein Problem, denn Sie können mehrere auf Vorrat produzieren, um zum Beispiel einem Steak mal ein anderes Aroma zu geben. Für alle Buttermischungen gibt es ein Grundrezept:

- Weiche Butter mit dem Küchenmixer (oder, wenn Sie den nicht haben, mit dem Schneebesen) schaumig schlagen.
- Klein geschnittene Kräuter oder andere Zutaten untermischen.
- Butter mit einem Löffel oder einem Spritzbeutel in Bahnen auf Alufolie auftragen und fest einrollen.
- Im Tiefkühlfach aufheben und bei Bedarf portionsweise in Scheiben abschneiden.

**Hier zwei Würzvariationen:**

**Die klassische Steak-** oder **Café-de-Paris-Butter** wurde von dem französischen Koch Escoffier erfunden. Er war im 19. Jahrhundert der erste und größte aller Küchenstars. Seine »Café-de-Paris-Butter« wird gewürzt mit Paprika edelsüß, Salz, Pfeffer, fein gehackten Schalotten, etwas Rosmarin und Thymian, etwas Senf und – meine Zutat! – etwas Curry. Zum Schluss kommt noch etwas fein geschnittener Estragon dazu. Diese Mischung passt zu gebratenem Fleisch.

**Stockers Koriander-Chili-Butter:** Zur aufgeschlagenen Butter kommen fein geschnittene Chilischoten, etwas Senf, Salz und Pfeffer sowie Koriander nach Geschmack.

*Butterrollen halten sich im Tiefkühler wochenlang. Scheiben lassen sich leicht abschneiden, wenn die Butter im Warmen ein bisschen antauen darf. Dann wird sie wieder eingefroren.*

**Weitere Variationen:** Zur Buttermischung mit Salz, Pfeffer, etwas Senf passen außerdem Kapern und zum Beispiel Gewürzgurken. Ingwerbutter schmeckt besonders gut zu Geflügel und asiatisch mariniertem Fleisch.

### Vorsicht mit Chilischoten!

**Waschen:** Wer frische Chilischoten klein geschnitten hat, sollte sich hinterher gründlich die Hände waschen. Wer mit ungewaschenen Händen an die Augen kommt, verätzt sich noch Stunden später - zwar nicht auf Dauer, aber schmerzhaft.

**Schärfe:** Im Gegensatz zur Paprika steigert die Chilischote ihren Schärfegrad mit der Reife - je grüner, umso sanfter, je roter, umso schärfer. Die kleinen Kerne aus dem Inneren brennen am heftigsten, deshalb werden in Europa nur die entkernten Schoten verwendet. Ungeübte Köche sollten Chili erst mal in sehr kleinen Mengen zufügen und immer wieder probieren, ob's nicht schon reicht für ihre persönliche Scharflust.

***LC:*** Wenn ich an Butter denke, fällt mir nicht nur Kräuterbutter ein, sondern immer auch Buttercreme für wunderbar süße und schrecklich kalorienreiche Torten. Wie mache ich die, Manfred?

***MS:*** Buttercreme besteht in erster Linie aus Butter, die zusammen mit Eigelb und Zucker schaumig gerührt wurde. Dazu kommen dann noch die Aromaten – Kakao, Nüsse, Kaffee, Vanille und Alkoholika wie Rum, Weinbrand, Liköre.

## Eine wirklich feine Suppe:
# CONSOMMÉ

***Leonore Capell:*** Auf den Speisekarten eleganter Restaurants steht unter »Vorspeisen und Suppen« fast immer auch eine »Consommé«. Und in Kochbüchern heißt es ständig, man braucht so und so viel »Brühe«. Ist das womöglich das Gleiche, Manfred?

***Manfred Stocker:*** Nein, denn die »Brühe«, die im Küchendeutsch auch Bouillon genannt wird, liefert nur die Grundlage für die Consommés auf den Speisekarten, die außerdem eine feine Einlage haben. Ravioli mit Hummerfleisch oder Geflügelfarce etwa und schön tourniertes Gemüse …

***LC:*** Was für ein Gemüse?

***MS:*** »Tournieren« heißt eigentlich nur »drehen« oder »wenden« auf Französisch. Wenn Köche »tournieren«, bringen sie vor allem Gemüse in schöne und gleichmäßig große Formen wie Rauten, Dreiecke, kleine Tönnchen oder Würfel. Die werden oft in etwas hineingelegt, das man schlicht »klare Brühe« nennen kann. Oder im offiziellen Küchendeutsch »Kraftbrühe«. Sie ist sozusagen die Steigerung der normalen Bouillon, denn die Flüssigkeit ist von Trübstoffen geklärt und entfettet worden.

***LC:*** Warum nennen Sie die verbesserte »Kraftbrühe« dann Consommé?

***MS:*** Weil alle Köche gern französische Begriffe verwenden, denn Frankreich gilt nach wie vor als Mutter der feinen Küche. Auf jeden Fall wird »klare Brühe« in der Küche oft gebraucht, und weil sie sich gut auf Vorrat herstellen und einfrieren lässt, lohnt sich das Selbermachen:

- Geben Sie 1 kg Suppenfleisch (das stellt Ihnen der Metzger zusammen) mit 1 kg Knochen in 3 l kaltes Wasser.
- Schneiden Sie Gemüse wie Lauch, Karotten, Sellerie und Petersilienwurzel, also alles, was im Gemüsegeschäft als »Suppengrün« verkauft wird, in grobe Stücke. Lassen Sie Fleisch plus Gemüse rund 3 Stunden leicht kochen, bis das Fleisch ausgelaugt ist – mit Gewürzen wie Pfefferkörnern, Salz und eventuell 1 Lorbeerblatt. Geben Sie alles durch ein Sieb und lassen Sie die Brühe im Kühlschrank kalt werden. Dann setzt sich das Fett auf der Oberfläche ab, und Sie können es leicht abheben, also die Brühe »entfetten«, wie wir Köche sagen.

***LC:*** Was mach ich, wenn ich das Fleisch hinterher noch essen will, zum Beispiel wenn ich Tafelspitz koche? Mir also vom Metzger nicht banales »Suppenfleisch« geholt habe, sondern gute Ochsenbrust? Sagen wir – gerade genug für meinen Freund und mich?

***MS:*** Dann stechen Sie die Ochsenbrust nach circa 2 Stunden mit einer zweizinkigen Küchengabel an. Die Zinken sollen übrigens nicht modisch nach außen gekrümmt sein, sondern gerade, damit sie keine Löcher ins Fleisch reißen. Rutscht das angestochene Fleisch glatt von der Gabel, ist es gar, aber noch nicht verkocht.

***LC:*** Und kann ich diese »Kraftbrühe« vom Tafelspitz nun für die Consommé nehmen?

***MS:*** Suppen, die nicht nur gut schmecken, sondern auch schön aussehen – und das verlangen Köche und Gäste von einer Consommé –, müssen wasserklar sein. Sie dürfen keine Trübstoffe enthalten wie etwa die Brühe, die beim Tafelspitzkochen erst einmal übrig bleibt.

***LC:*** Und wie bekomme ich die Trübstoffe aus der Suppe raus?



***MS:*** Das macht ein bisschen Arbeit, aber die lohnt sich:

- Geben Sie noch einmal klein geschnittenes Suppengrün (Lauch, Karotten, Sellerie) mit 1 Lorbeerblatt und ein paar Pfefferkörnern in die Brühe.
- Mischen Sie 500 g so genanntes Klärfleisch (preiswertes, fettarmes, durchgedrehtes Rindfleisch, das Ihnen der Metzger vorbereiten kann) mit 3 Eiweiß, etwas aufgeschlagen, und geben Sie es in die kalte Brühe. Beim Aufkochen – circa 1/2 Stunde lang – verbinden sich die Proteine, die die Brühe trüben, mit dem Eiereiweiß. Zusammen steigt das alles nach oben und kann abgeschöpft werden. Vorsicht! Brühe mit Klärfleisch muss beobachtet und öfter mal umgerührt werden, weil das Klärfleisch sich leicht am Topfboden ansetzt.
- Wenn's schnell gehen soll und Ihnen die Brühe schon nach dem ersten Kochen gut genug schmeckt, können Sie die Flüssigkeit auch klären, indem Sie nur kurz aufgeschlagenes Eiweiß ohne Klärfleisch dazugeben: Kurz mitkochen lassen und mit dem Schaumlöffel abschöpfen, wenn der weiße Schaum an die Oberfläche steigt. Ein paar Tropfen salzarme Sojasauce geben der geklärten Brühe übrigens ein noch stärkeres Aroma und eine schöne Farbe.
- Zum Schluss wird die Brühe durch ein Sieb geschüttet. Zurück bleibt die klare Consommé.
- Geben Sie jetzt noch ein paar Gemüsewürfelchen, Tomatenstreifen und zum Beispiel kleine Grießnockerln (Rezept siehe TAFELSPITZ) in die wieder erhitzte Consommé, und Sie haben eine superfeine Suppe.

**Extratipp:** Kochen Sie in Ihrem größten Topf gleich die doppelte Menge und frieren Sie die Consommé portionsweise ein. Sie hält sich monatelang. Ob Sie in ihr später Gemüse kochen, sie zur Zubereitung von Risotto verwenden oder zum Beispiel statt eines Fonds zum Saucenmachen (auf die Hälfte eingekocht) – immer gibt sie ihr gutes Aroma weiter, ohne den Grundgeschmack eines Gerichtes zu sehr zu beeinflussen.

## Gourmet-»Veg« aus Nordafrika:

# COUSCOUS

***Leonore Capell:*** Was dem Chinesen der Reis und dem Italiener die Pasta, das ist in Marokko Couscous, eine echte Nationalbeilage. Habe ich Recht, Manfred?

***Manfred Stocker:*** Fast, denn dieses Gericht aus Weizengrieß oder Hirse ist nicht nur für Marokkaner sehr wichtig, sondern für alle Nordafrikaner. Sie benutzen zum Kochen meist eine so genannte Couscousiere. Das ist ein Topf mit einem Siebeinsatz, denn Grieß oder Hirse werden in Nordafrika nicht in Wasser, sondern im Dampf gegart. Das muss aber nicht sein. Hier ist das Mitteleuroparezept für 4 Personen, weil Couscous ein wunderbares Essen für Gäste ist, die kein Fleisch mögen:

- ▶ Eine geschälte und fein gewürfelte Schalotte wird in heißem Olivenöl angeschwitzt, bis die Würfelchen glasig aussehen.
- ▶ Geben Sie 150 g fertige Couscous-Mischung aus dem Bioladen dazu und circa 300 ml Brühe, also rund doppelt so viel wie Körner.
- ▶ Als Gewürze kommen der Schalenabrieb und der Saft 1 Limone (das ist die kleine grüne Zitronenverwandte, die ein feineres Aroma hat) dazu, 3 Zweige frischer Thymian und 1 Knoblauchzehe. Wer sich's einfach machen will, nimmt die Hälfte einer so genannten orientalischen Gewürzmischung, zu der auch der für Nordafrika typische Zimt gehört und Sternanis.
- ▶ Einen besonders guten Geschmack bekommt das Couscous, wenn Sie noch getrocknete Tomaten dazugeben – aus dem Feinkostgeschäft oder selbst gemacht.

COUSCOUS
RICCI
5 mn
MOYEN • MEDIUM
mittelgroß

- Lassen Sie alles bei geringer Hitze circa 5 Minuten ziehen und schmecken Sie mit Salz und ein paar Butterflöckchen ab. Die liefern nicht nur gutes Aroma, sondern binden das Couscous.
- Geben Sie der Schönheit wegen zum Schluss rohe Paprikawürfelchen in Grün, Gelb und Rot dazu – am besten schmecken sie ohne Haut (wie man sie häutet, siehe PULPO). Jetzt etwas pfeffern und zum Schluss, wenn Sie wollen, frisch gehackten Koriander hineinmischen.
- Des guten Aussehens wegen fülle ich das Couscous in Ausstecher, stelle sie auf die Teller und ziehe die Ausstecher dann einfach ab.

**Extratipp:** Couscous schmeckt auch kalt – mit einem Spritzer Essig dazu. Fleischfreunden können Sie Lammspießchen dazu braten.

### Lammspießchen-Rezept für 4 Personen

Schneiden Sie 200 g Lammrückenfilet in kleine Scheiben, salzen und pfeffern Sie das Fleisch und stecken Sie die Scheiben – abwechselnd mit Perlzwiebeln, enthäuteten Cocktailtomaten (oder enthäuteten und entkernten Tomatenvierteln), enthäuteten gelben und roten Paprikastücken – auf Spießchen und braten Sie sie in Butterschmalz.

### Getrocknete Tomaten

Tomaten häuten (siehe BRUSCETTA), vierteln, entkernen und auf ein Backblech legen; leicht salzen, pfeffern und mit Olivenöl beträufeln; etwas fein gehackten Knoblauch, Thymian und Rosmarin darüber streuen und alles bei 50 Grad im Backofen circa 3 Stunden trocknen lassen. Der Sinn der Übung? Das Trocknen intensiviert das Tomatenaroma enorm und verstärkt den Zuckergeschmack.

**Extratipp:** Mahlen Sie getrocknete Tomatenschale in der Moulinette sehr fein. Benutzen Sie das Pulver als Gewürz oder dekorieren Sie damit Teller, zum Beispiel mit feinen Salaten – einfach Ornamente auf den Rand streuen.

## Frankreichs liebstes Dessert:

# CRÈME CARAMEL

***Leonore Capell:*** Karamell ist laut Lexikon nichts weiter als eine »Masse aus geschmolzenem Zucker«. Wie entsteht daraus die berühmte Crème, Frankreichs Nationaldessert?

***Manfred Stocker:*** Es ist ein ganz einfaches Rezept. Sie brauchen allerdings ein paar Profitricks, um Crème caramel perfekt hinzukriegen.

**Trick Nr. 1:** Pudding nicht kochen, sondern pochieren – das heißt: Er gart im heißen Wasserbad.

- Kratzen Sie für 2 Portionen das Mark aus einem circa 2 cm großen Stück einer Vanillestange und lassen Sie Mark plus Stangenstück in circa 1/4 l Sahne einmal aufkochen.
- Verrühren Sie circa 4 Esslöffel Zucker mit 2 Eigelb von kleinen Eiern. Geben Sie die in die etwas abgekühlte Milch und gießen Sie alles durch ein feines Sieb.
- Füllen Sie die Eier-Vanille-Milch in Aluförmchen. Sie sehen aus wie das bekannte Sandkastenspielzeug. Es gibt sie in Küchenfachgeschäften.
- Decken Sie Ihre Förmchen mit Alufolie ab. Stellen Sie sie in eine flache Schüssel mit heißem Wasser und diese für 20 Minuten in den 170 Grad heißen Ofen. Die Eier sorgen dafür, dass aus der »Milch« ein Pudding wird. In eine Crème caramel verwandelt er sich aber nur durch einen zweiten Trick:

**Trick Nr. 2:** Der Karamellspiegel – bevor die Eiermilch in die Förmchen gefüllt wird, müssen sie mit Karamell ausgegossen werden:

- Lassen Sie circa 5 Esslöffel Zucker in einer heißen Pfanne schmelzen und warten Sie ab, bis er goldbraun geworden ist.
- Löschen Sie den Zucker mit circa 1/8 l Wasser ab. Lassen Sie die Karamellsauce leise

köchelnd auf rund die Hälfte einkochen. Verteilen Sie das Karamell auf dem Boden der beiden Förmchen zum so genannten Karamellspiegel. Dann erst kommt die Eiermilch drüber und alles zum Pochieren in den Ofen.

**Trick Nr. 3:** Stellen Sie die Förmchen nach dem Pochieren in den Kühlschrank. Für mindestens 4 Stunden. Dann löst sich die Crème caramel beim Stürzen auf Dessertteller glatt und problemlos. Dazu schmecken frische Beeren, zum Beispiel Erdbeeren, die vorher 1/4 Stunde in etwas Grand Marnier (Orangen-Cognac-Likör) mariniert und leicht gepfeffert wurden.

**Extratipp:** Sollte Ihre Crème caramel Ihren Schönheitssinn beim ersten Versuch durch ein paar Löcher stören, war das Wasserbad zu heiß. Fürs nächste Mal: Greifen Sie ins Wasser, bevor Sie die gefüllten Förmchen hineinstellen. Es soll so heiß sein, dass Sie sich die Finger beim Hineinfassen gerade nicht verbrennen.

*So elegant wirkt die klassische Crème caramel bei Manfred Stocker.*

## Der elegantere Pfannkuchen:
# CRÊPE

***Leonore Capell:*** Crêpes gibt es in Süß und Pikant, aber die Hauptsache ist, dass sie dünn sind. Ich hab's versucht, aber ich hatte lauter Klumpen im Teig. Was mache ich verkehrt, Manfred?
***Manfred Stocker:*** Wahrscheinlich haben Sie erst Milch in eine Schüssel gegeben und dann das Mehl draufgeschüttet.
***LC:*** Stimmt. Was ist daran falsch?
***MS:*** Dann wird's ganz sicher klumpig. Hier sind die Crêpe-Tricks:

**Trick Nr. 1:** Die Reihenfolge – zuerst das Mehl in eine Schüssel geben, 4–5 Esslöffel voll, wenn Sie und Ihr Partner je 2 Stück essen wollen. Dann 1 Ei dazu und nur 1 kleinen Schuss Milch.
**Trick Nr. 2:** Die Sahne – geben Sie nur so wenig Milch zu Mehl und Ei, dass beim Verrühren dieser 3 Zutaten plus 1 Prise Salz ein ziemlich zäher, fester Teig entsteht. Den füllen Sie mit Sahne – sie ist das Kennzeichen der echten Crêpes – langsam auf, bis er schön flüssig ist. Für süße Crêpes gibt man jetzt noch circa 1 Esslöffel Zucker zu.
**Trick Nr. 3:** Nur wenig Teig – nur einen kleinen »Schuss« Teig in eine heiße Pfanne mit geklärter Butter (Rezept siehe STEAK) geben und die Pfanne schnell so schwenken, dass er sich auf dem ganzen Pfannenboden dünn verteilt.
**Trick Nr. 4:** Kurz backen – lassen Sie den Teig nur circa 1 Minute lang fest werden. Dann ist die Unterseite goldbraun. Drehen Sie ihn mit dem Pfannenwender für eine zweite Backminute um. Längeres Backen lässt die Crêpes dank der Sahne eher hart als geschmeidig werden.

*Womit Sie selbst gemachte Crêpes füllen, ist Ihre Entscheidung: In Süß schmecken außer Preiselbeeren, Nüssen plus Schoko, heißen Orangen oder Äpfeln zum Beispiel Quittengelee, Marillenmarmelade oder Zwetschgenröster (Rezept siehe QUARK). Für salzige Crêpes eignet sich besonders geräucherter Lachs.*

**Fülltipps:** Legen Sie die Crêpes auf Teller, geben Sie bei einem einen breiten Streifen Preiselbeerkompott auf die Mitte. Zusammenklappen, und fertig ist der **Preiselbeer-Crêpe**. In den zweiten kommen gehackte, kurz angeröstete Nüsse, etwas Schokoladenkrümel und darüber ein Streifen steif geschlagene Sahne. Zuklappen und der **Nuss-Schoko-Crêpe** ist fertig. Zwei weitere Möglichkeiten: Für **Orangen-Crêpe** werden kurz erhitzte Orangenfilets mit 1 Schuss Grand Marnier (Orangen-Cognac-Likör) abgeschmeckt, für den **Apfel-Crêpe** kurz gedünstete Apfelscheiben mit 1 Schuss Calvados. Weil's hübsch aussieht, gebe ich über jeden gefüllten Crêpe noch ein bisschen Puderzucker.

**Von der Palmfrucht zum Dessert:**

# DATTELN

***Leonore Capell:*** Wie Feigen kenne ich Datteln nur getrocknet. Ich dachte immer, nur Kamele ernähren sich davon ...

***Manfred Stocker:*** Datteln, besonders die frischen, sind viel zu schade für Kamele. Gefüllt schmecken sie sehr aromatisch – als kleiner Snack zwischendurch oder zum Beispiel mit Buttermilch- oder Zitroneneis als Dessert:

- Häuten Sie die Datteln. Man kann die Haut zwar mitessen, aber eleganter schmeckt's ohne. Legen Sie die Frucht für 5 Minuten in lauwarmes Wasser, dann geht das Häuten problemlos.
- Schneiden Sie die gehäuteten Datteln rundum ein um die Längsachse. Dann lässt sich der harte und nicht essbare Kern leicht rausnehmen, und die Dattelhälften können mit einer Quarkcreme gefüllt werden:
- Geben Sie einen kleinen Schuss Sahne in Magerquark (der ist fester als Sahnequark und deshalb besser zum Füllen geeignet), ein Löffelchen Crème fraîche, etwas Staubzucker (gesiebt und deshalb ohne Klümpchen!), etwas Vanillezucker und die abgeriebene Schale von 1 Zitrone – alles einfach in der Menge, die Ihnen richtig erscheint. Dann wird gut durchgerührt. Ist die Creme zu flüssig? Noch etwas Quark zugeben. Ist sie zu fest? Mit Crème fraîche ausgleichen.
- Geben Sie die Creme in einen Spritzbeutel und füllen Sie damit die Dattelhälften. Kein Spritzbeutel im Haus? Mit einem Teelöffel geht's auch. Garniert wird mit fein geriebenen Pistazien.

**Für Brot, Cracker, Gemüse:**

# DIPS

***Leonore Capell:*** Wenn ich mir »Marienhof« anschaue, knabbere ich gern Cracker, die ich in irgendwelche fertig gekauften Saucen dippe. Aber »fertig kaufen« gibt's nicht mehr, seit ich Sie kenne, Manfred. Also, welchen Dip empfehlen Sie?

***Manfred Stocker:*** Am einfachsten sind Topfen-Dips mit frischen Kräutern zu machen …

***LC:*** Ich weiß, was Topfen ist, weil ich ja in Wien auf der Musical-Schule studiert habe, aber wissen das auch unsere Leser?

***MS:*** Die norddeutschen bestimmt nicht. Dabei ist »Topfen« nur das österreichische Wort für Quark. Im Gastronomieangebot wird unter dem Label »Topfen« allerdings Quark verkauft, der etwas trockener ist als der deutsche Vetter. Deshalb nehmen ihn auch deutsche Köche statt Quark zum Backen.

***LC:*** Und was nehme ich für den Dip?

***MS:*** Sahnequark, weil er so schön weich und samtig schmeckt. Es reicht, wenn Sie ihn mit Salz und Pfeffer würzen und mit den frischen Kräutern mischen, die Sie gerade da haben. Gut eignet sich Schnittlauch, aber so ein **Kräuterquark** schmeckt auch »italienisch« mit Basilikum und Thymian. Besonders gern mag ich **Kürbiskern-Topfen-Aufstrich**. Dafür

- verrühren Sie etwas Butter, circa 2 Esslöffel für 2 Scheiben Bauernbrot, mit 1 Eigelb.
- Geben Sie 2 fein geschnittene Schalotten dazu, den Topfen, circa 1/2 Packung von 125 g, so viel klein geschnittene Petersilie, wie es Ihnen richtig erscheint, und verrühren Sie alles.
- Rösten Sie 1 kleine Hand voll Kürbiskerne in wenig Fett kurz an – dann schmecken sie noch »nussiger« und knackiger. Geben Sie sie zu dem Topfen und würzen Sie alles mit Salz, Pfeffer und einigen Tropfen Zitronensaft. Fertig ist der alternative – und gesunde! – Brotaufstrich.

***LC:*** Und wenn ich gerade keine Lust auf Quark habe?
***MS:*** Wie wär's mit einem **Avocado-Dip**?

- Nehmen Sie eine reife, also weiche Avocado. Zeigt sie beim Aufschneiden braune Stellen, werden die einfach weggeschnitten. Geben Sie das Fleisch in eine Schüssel.
- Salzen und pfeffern Sie es und geben Sie ein paar Spritzer Zitronensaft dazu, damit das Avocadofleisch nicht braun wird. Pürieren Sie alles mit einem Pürierstab oder, falls Sie dieses praktische Küchengerät nicht besitzen, zermusen Sie alles mit einer Gabel. Geben Sie etwas Crème fraîche dazu, auf 1 Avocado circa 1 Esslöffel voll. Schlagen Sie alles mit einem Schaumbesen durch, bis Sie eine zarte grüne Paste haben. Sie schmeckt sanft gewürzt auf weißem, kräftiger, zum Beispiel mit Chili abgeschmeckt, auch auf dunklem Brot.

  Oder was halten Sie von einem **Oliven-Sardellen-Dip**? Die Basis dafür ist eine Olivenmayonnaise.
- Sie brauchen 2 Eigelb, 2 Schnapsgläser lauwarmen Gemüsefond (den können Sie fertig kaufen) und 1 Spritzer Essig. Das Ganze verrühren Sie gut und schmecken die Mischung mit circa 1 Teelöffel feinem, nicht zu scharfem Senf ab. Bereit stehen sollten außerdem

2 Esslöffel entkernte und fein gehackte schwarze Oliven, 2–3 in Salz eingelegte fein gehackte Sardellen und fein gehackter Kerbel (circa 1/2 Bund).

▶ Geben Sie nach und nach, während Sie weiterrühren, Olivenöl in die Eier-Gemüsefond-Essig-Mischung, bis die Mayonnaise Bindung bekommt, also dickflüssig wird. Das Öl muss Zimmertemperatur haben, sonst gerinnt die Sauce.

***LC:*** Und wenn mir das passiert, obwohl alle Zutaten ungefähr die gleiche Temperatur haben?
***MS:*** Dann rühren Sie einen Spritzer lauwarmes Wasser oder Brühe in die Mayonnaise. Das rettet sie.

▶ Mischen Sie die Mayonnaise mit 1 Esslöffel Crème fraîche, das macht sie »leichter«, mit dem Saft 1/2 Limone, den gehackten Oliven und Sardellen. Schmecken Sie die Sauce ab und rühren Sie zum Schluss den Kerbel ein. Mein vierter Vorschlag ist ein **Mango-Ananas-Chutney**.

***LC:*** Was ist eigentlich ein »Chutney«?
***MS:*** Eine Art Marmelade, meist süß-säuerlich und dickflüssig. Es wird aus Obst oder Gemüse oder einer Mischung aus beidem hergestellt, meist mit Essig gewürzt. Die ersten Chutneys brachten Engländer aus ihren indischen Kolonien nach Europa. Besonders die Ostinder benutzen sie seit Jahrhunderten zum Würzen von Reis, Geflügel, Eiern, Fisch und Fleisch. Für das Mango-Ananas-Chutney brauchen Sie Würfel vom geschälten Fleisch 1 wirklich reifen Ananas …
***LC:*** Wie erkenne ich das?
***MS:*** Riechen Sie am Strunk. Der Duft muss stark und süß sein. Wenn Sie außerdem an einem der harten Blättchen zupften, sollte es sich aus dem

Fleisch lösen. Kaufen Sie keine Ananas, die nicht den typischen Duft verströmt! Sie ist unreif, und Ananas reifen – im Gegensatz etwa zu Bananen oder Äpfeln – nach dem Pflücken nicht nach!

- Sie brauchen also 1 Ananas und 1 Mango. Die erkennen Sie an ihrer gold-rötlichen Farbe. Reif ist sie, wenn sie Druck leicht nachgibt. Das Fleisch beider Früchte wird gewürfelt und zusammen trocken und kurz angedünstet (circa 2–3 Minuten). Gießen Sie dann etwa 1 Flasche Ananassaft hinzu und lassen Sie alles bei mittlerer Temperatur um 1/3 einkochen.
- Würzen Sie die Ananas-Mango-Mischung zwischendurch mit etwas Salz, dem Saft 1 Limone und dem Mark aus 1 Vanilleschote. Fein gemahlener Chili gibt die richtige Schärfe. Wie viel? Je nach Geschmack.

***LC:*** Wie lange muss das insgesamt kochen?
***MS:*** Circa 1/2 Stunde auf schwacher Hitze. Bis es so »fest« ist, wie Sie sich einen Chutney-Dip vorstellen. Zum Schluss verfeinere ich ihn mit Sesamsamen, die ich in etwas Sesamöl angeröstet habe, und gebe fein gehackten Koriander dazu, Blätter von etwa 1/2 Bund. Dazu schmecken nicht nur Cracker, sondern auch gebratene Garnelen.

**Kleine Kräuterkunde für Quarkdip-Fans:**

**Aufbewahren** – in einer gut verschlossenen Plastiktüte im Gemüsefach des Kühlschranks halten sich frische Kräuter am besten.

**Blüten essen** – besonders die Blüte der Kapuzinerkresse wird in der Gastronomie gern verwendet. Weil man sie mitessen kann (schmeckt säuerlich-würzig) und weil sie auf den Tellern als Dekoration hübsch aussieht. Andere Kräuterblüten schmecken oft eher bitter, die Blätter langweilig, weil die Pflanze ihr Aroma in den Blüten konzentriert.

**Grün erhalten** – einfach eine Prise Salz auf die ungehackten Kräuter streuen und dann erst hacken, so bleibt das frische Grün besser erhalten.
**Kräuterbünde** – sie sind meist aromatischer als Topfkräuter, weil sie »freier« wachsen, also in Beeten und nicht nur in Minitöpfen, und deshalb aus mehr Erde mehr Aromastoffe aufnehmen können.
**Ölkräuter** – besonders Rosmarin und Thymian eignen sich sehr gut zum Aromatisieren von Öl. Einfach in eine Flasche stopfen, Olivenöl drübergießen und alles gut verschließen.
**Schneiden** – wenn's nicht um superfeine Streifen geht, schneidet man Kräuter wie zum Beispiel Basilikum am einfachsten mit der Schere. Petersilie wird gehackt, Schnittlauch mit einem scharfen Messer in kleine Ringe geschnitten.
**Topfkräuter** – nur empfehlenswert, wenn sie sofort geteilt und in 2–3 zusätzliche Töpfchen gepflanzt werden, sonst gehen sie sehr schnell ein, und die Blätter schmecken nach fast nichts.
**Verwendung** – Kerbel und Estragon eignen sich sehr gut für Fisch- und Geflügelgerichte, hocharomatische Kräuter wie Rosmarin und Thymian für dunkles Fleisch wie Wild und Lamm, Petersilie »passte« früher zu allem, in der feinen Gastronomie wird sie heute eher selten verwendet. Statt dem altbekannten Schnittlauch nehme ich lieber fein geschnittene Frühlingszwiebeln.

***LC:*** Kann ich für einen Dip auch getrocknete Kräuter nehmen, wenn ich keine Zeit zum Einkaufen von frischen habe?
***MS:*** Lieber nicht. Legen Sie sich einen Vorrat von TK-Kräutern ins Eisfach. Die gibt es heute in Mischungen, zum Beispiel »italienisch« und als Einzelkräuter, etwa Schnittlauch, Basilikum, Petersilie. Sie schmecken fast so wie die frischen, werden genauso verwendet und halten sich ewig.

## Die beste aller Wintersuppen:

# EINTOPF

***Manfred Stocker:*** Eintopf ist wirklich schnell gemacht und erfordert keine großen Küchenkenntnisse. Es kommt allerdings sehr auf das verwendete Fleisch an. Ich empfehle dazu gekochten Tafelspitz oder gekochte Rinderbrust in kleinen Würfeln (Rezept siehe PICKNICK). Zusätzlich brauchen Sie nur noch

- winterliche Gemüse in kleinen Würfelchen, damit's auch schön aussieht, also etwa Karotten, Kartoffeln, Zwiebeln und Wirsingkohl in Streifen. Geben Sie alles in einen großen Topf und den gekochten Tafelspitz dazu. Es kann auch ein Huhn sein, aber das muss vorher gekocht werden. Genau wie Nudeln, wenn Sie die gern im Eintopf essen.

***Leonore Capell:*** Wieso das denn, Manfred? Kann ich die Nudeln nicht roh in die Suppe schmeißen? Zusammen mit dem Fleisch?
***MS:*** Nein. Tafelspitz oder Huhn mit den Nudeln (und dem Gemüse) gar zu kochen, dauert zu lange. Dabei zerfallen sie. Zum Schluss haben Sie keine Suppe mehr, sondern einen undurchsichtigen Brei.

- Pfeffern und salzen Sie Gemüse und Fleisch, würzen Sie mit etwas Muskat und geben Sie so viel Fleischbrühe dazu, bis sie knapp bedeckt sind. Lassen Sie alles kurz aufkochen und dann circa $^1/_2$ Stunde ziehen, damit sich die Aromen miteinander verbinden können und das Fleisch heiß wird.
- Würzen Sie zum Schluss mit Thymian. Geben Sie ruhig ein ganzes Sträußchen dazu.
- Bevor Sie den Eintopf auf Teller verteilen, kommen noch in Ringen geschnittene Lauchzwiebelchen und Schnittlauch in den Eintopf. Beides soll im Gegensatz zum Thymian nicht mitkochen, sondern einen Frischeeffekt liefern.

*Welches Gemüse Sie für Ihren Eintopf nehmen, bleibt Ihnen überlassen. Hier Manfreds Auswahl.*

**Nicht nur zu Weihnachten kross:**

# ENTE

***Leonore Capell:*** Ich sag's Ihnen: An Weihnachten spielen sich immer Dramen ab! Letztes Jahr, Einladung bei der Mutter meines Freundes zum Entenessen. Ich komm eine Stunde zu spät. »Schwiegermama« ist stinksauer, ihre Ente labbrig wie Gummi. Manfred, kann man das vermeiden?

***Manfred Stocker:*** Aber ja! Und es macht nur ein bisschen mehr Arbeit. Ich verrate Ihnen jetzt erst mal die Tricks fürs normale Braten, und als Trick Nr. 4 kommt der für die verspäteten Gäste.

*Auch wenn Schauspielerin Leonore Capell ihren NDR-Fernsehkoch Manfred Stocker mal warten lassen muss – er serviert die Ente garantiert mit krosser Haut. Und weitgehend fettfrei!*

**Trick Nr. 1:** Einen »Thron« für den Vogel – setzen Sie die innen und außen gesalzene und gepfefferte Ente mit der Brustseite nach oben auf zusammengeknüllte Alufolie, die Sie in den mit etwas Wasser ausgegossenen Bräter gestellt haben. Dann »schwimmt« die Vogelunterseite später nicht im auslaufenden Fett.

**Trick Nr. 2:** Rechtzeitig braten – Sie dürfen die Ente schon morgens in den 80 Grad warmen Backofen stellen und bis zum Abend vergessen. Die geringe Hitze und die lange Zeit sorgen für sehr schonendes Garen. Sie können den Vogel aber auch 1 1/2 Stunden vor Ankunft der Gäste in den 180 Grad heißen Backofen stellen (Garzeit für Barbarieente: 50–60 Minuten, für die meist größere deutsche Normalente eher 1 1/4 Stunden). Nach 40–50 Minuten stechen Sie das Tier mit der Bratengabel zwischen Schlegel und Bauch. Ist das Fleisch durchgebraten, tritt glasklarer Saft aus. Ist er rosa, braucht die Ente noch mal 10 Minuten.

**Trick Nr. 3:** 10 Minuten Hitzeschock – wenn Sie den Weihnachtsvogel gaaanz langsam bei 80 Grad gebraten haben, stellen Sie die Temperatur zum Schluss für 8–10 Minuten auf 250 Grad.

Dann wird die Haut schön kross. Ein mit 180 Grad gebratener Vogel sollte spätestens nach 1 Stunde knusprig sein. Falls nicht – die letzten 5 Minuten mit 250 Grad schocken.

***LC:*** So weit, so gut, aber wann sagen Sie mir endlich, wie Schwiegermama die kalt und labbrig gewordene Ente wieder kross bekommt, wenn ich mich verspäte?
***MS:*** Jetzt, mit …

**Trick Nr. 4:** Fett von der abgezogenen Haut kratzen – dafür müssen Sie die Ente zerlegen, die Brust ablösen, die Keulen am Gelenk abtrennen. Nun lösen Sie die Haut vom Fleisch – je nach Hunger und Mitgenießer nur von der Brust oder auch von den Keulen – und kratzen das nicht geschmolzene Fett mit einem Messer heraus. Legen Sie die fettfreie Haut wieder an ihren angestammten Platz. Dann geben Sie einen Schuss Wasser in einen Bräter, spannen Alufolie drüber und legen für jedes Entenstück etwas zerknautschte Folie darauf. Setzen Sie die Stücke auf diese Untersetzer und stechen Sie rundum ein paar Löcher in die Abdeckfolie. So kann das Wasser verdampfen, ohne das Fleisch zu berühren, und die Entenhaut kross werden. Jetzt schieben Sie das Blech für 12–15 Minuten unten in den auf 250 Grad vorgeheizten Backofen. Danach ist das Fleisch wieder heiß, die Haut wieder perfekt knusprig. Mit ganz wenig Fett! Dazu schmecken kleine gefüllte Christbaumäpfel (Rezept siehe BRATAPFEL).

*Erst wird die Haut von der fertig gebratenen Ente abgezogen. Dann kratzt man mit einem Messer das innen liegende Fett heraus. Schließlich kommt die nun fast fettfreie Haut wieder auf das Fleisch und alles noch mal für ungefähr 15 Minuten in den Backofen.*

***LC:*** Welchen Wein empfehlen Sie zur Ente, Manfred?
***MS:*** Viele meiner Gäste trinken gern einen aromareichen Rotwein, Riesling passt auch sehr gut.

## Entenschmalz-Rezept:

**Als Kohlwürze** - Wenn Sie eine ganze Ente vor dem Braten entbeinen, kochen Sie alle Knochen und zum Beispiel den fetten Bürzel 15 Minuten bei mittlerer Hitze. Gießen Sie das Fett vorsichtig in einen sauberen Topf ab oder - noch einfacher - stellen Sie den Topf, in dem die Knochen auskochten, über Nacht in den Kühlschrank. Dann können Sie das Fett wie Schollen von der Flüssigkeit darunter abheben. Die ergibt einen guten Entenfond (Rezept siehe FOND). Das Entenschmalz würzt zum Beispiel Rotkraut und Grünkohl.

**Als Brotaufstrich** - Schwitzen Sie geschälte und fein gehackte Schalotten in etwas Entenfett an, fügen Sie Würfelchen von 1 geschälten und klein gewürfelten Apfel dazu und lassen Sie auch diesen kurz (1 Minute) mitbraten. Geben Sie Schalotten und Apfel zum Schmalz, schmecken Sie mit Salz und Pfeffer ab. Entenschmalz hält sich im Kühlschrank 2-3 Wochen.

**Zu Eis und Käse gleich gut:**

# FEIGEN

***Leonore Capell:*** Bisher kannte ich Feigen nur als getrocknete Früchte. Zuckersüß, deshalb hab ich darauf verzichtet. Frisch sollen sie die Liebeslust erhöhen. Manfred, stimmt das?

***Manfred Stocker:*** Das müssen Sie selbst ausprobieren. Mein Vorschlag: Machen Sie aus frischen Feigen mit Crème de Cassis ein Dessert oder ein feines Kompott. **Cassisfeigen** schmecken zu Vanilleeis ebenso gut wie auf feinem Käse, zum Beispiel dem nussig-mild-würzigen Tete de Moin. Außerdem ist es ganz schnell und leicht herzustellen:

- Nehmen Sie 2 frische Feigen und ziehen Sie die dünne Haut mit einem scharfen Messer rundum ab. Teilen Sie die Feigen in mundgerechte Stücke.
- Geben Sie die Stücke in einen Topf, etwas rotes Johannisbeermark dazu – das gibt's in Delikatessengeschäften unter dem französischen Namen Cassis – und so viel Crème de Cassis, also Johannisbeerlikör, dass er einen großzügigen Saucenspiegel auf dem Topfboden bildet. Kochen Sie das Ganze vorsichtig, so dass die Feigen nicht ganz zerfallen. Fertig fürs Vanille- oder Nusseis-Dessert! Als Käsebegleiter legen Sie die Cassisfeigen einfach auf hauchdünn abgekratzte oder gehobelte Scheiben von Hartkäse.

*Frische Feigen schmecken schon pur sehr aromatisch. Mit Cassis zu einem leichten Kompott gekocht, passen sie zu Eis wie zu edlem Käse wie Tete de Moin, aber auch zu feinem Wildfleisch, zum Beispiel Rehfilet.*

**Typisch für die Mittelmeerküche:**

# FENCHEL

***Leonore Capell:*** Zu Fenchel fällt mir nicht mehr ein als Fencheltee, der ja gut für Magen und Verdauung sein soll. Was kann ich mit der ganzen Knolle machen, Manfred?

***Manfred Stocker:*** Essen! Die Fenchelknolle schmeckt nach Anis, und deshalb mag sie nicht jeder. Sie gehört aber zu den typisch mediterranen Gemüsen, und ich habe eine neue Art der Zubereitung für Sie, die vielleicht auch Anisgegner überzeugt: **Fenchel in Safran-Orangen-Sud**:

- Schneiden Sie die Knolle in der Mitte durch, Stiele und das feine Kraut ab. Die Stiele können Sie in Scheiben als Rohkost essen, das Kraut verwenden Sie fein gehackt später als Würze.
- Des schönen Aussehens wegen schneiden Sie den Fenchel bis knapp über dem Strunk in Segmente und rücken die Scheiben so auseinander, dass er aussieht wie ein Fächer. Der Strunk hält ihn zusammen.
- Geben Sie etwas Olivenöl in eine heiße Pfanne und dünsten Sie die beiden halben Knollen darin an, circa 5 Minuten.
- Löschen Sie mit einem guten Schuss Orangensaft ab und geben Sie 1 Messerspitze Safran dazu. Der gibt eine gewissen Schärfe und färbt die Sauce schön gelb.
- Lassen Sie alles 10–12 Minuten leise köcheln, geben Sie etwas fein geschnittenen Thymian, Salz und Pfeffer dazu und circa 1 Teelöffel von dem klein geschnittenen Fenchelkraut. Fertig!

***LC:*** Und wozu esse ich das jetzt?

***MS:*** Vegetarier genießen das Orangen-Safran-Fenchel-Gemüse pur und heiß. Es passt aber auch zu mediterranen Fischgerichten oder hellem Fleisch. Kalt, besonders zu Grillfleisch und Grillfisch (siehe GRILLEN MEDITERRAN), schmeckt der **Fenchel-Orangen-Salat**:

- Schälen Sie eine Orange mit dem Messer – weiße Innenhaut mit entfernen! – und schneiden Sie die Filets aus ihren Häutchen. Pressen Sie die restliche Orange aus und fangen Sie den Saft auf.
- Mischen Sie eine Vinaigrette aus dem Orangensaft, etwas Balsamico-Essig, fein gehacktem Basilikum, Salz, Pfeffer und Olivenöl.
- Schneiden Sie den Fenchel mit dem Messer in dünne Scheiben. Übergießen Sie die Scheiben mit der Orangenvinaigrette.

**Für Freunde, Partys und zu zweit:**

# FINGERFOOD

***Leonore Capell:*** Bei einer Party mit dem Weinglas, mit Teller und Besteck zu jonglieren – ich hasse es und liebe deshalb Fingerfood. Das darf ich doch wirklich mit den Fingern essen, oder?

***Manfred Stocker:*** Sie dürfen. Und Sie können so ein »Fingeressen« leicht selbst machen. Hier sind zwei Varianten:

Das **Mini-Schinken-Croissant** besteht in erster Linie aus Blätterteig, den Sie fertig in Platten kaufen können. So geht's:

- Teig schön dünn ausrollen, kleine Dreiecke ausschneiden – sie sollten höchstens eine Kantenlänge von 5 Zentimetern haben – und eine Seite mit Eigelb bestreichen. Es dient sozusagen als Klebstoff und verhindert, dass sich das Croissant beim Backen wieder öffnet.
- Ein Häufchen fein geschnittenen Schinken, gekochten oder leicht angerösteten Parmaschinken, in die Mitte der Dreiecke legen, etwas klein geschnittene Petersilie und etwas geriebenen Parmesan dazu.
- Das gefüllte Blätterteigdreieck von einer Seite her aufrollen und zu einem Halbmond à la Croissant biegen. Das französische Wort bedeutet schließlich »zunehmende Mondsichel«.
- Von außen mit etwas Eigelb bestreichen – der schöneren Farbe wegen – und im vorgeheizten Backofen bei 220 Grad 10 Minuten backen.

Für den **Mini-»Hamburger«** backe ich extra ganz kleine Brötchen, aber Sie können auch getoastete Weißbrotscheiben nehmen und rund ausstechen. Die Kreise sollten höchstens 5 Zentimeter Durchmesser haben.

*Mini-Hamburger und Mini-Croissants (rechts im Foto: Mini-Quiches) à la Stocker haben die ideale Fingerfood-Größe von 2 Bissen.*

- Minibrötchen oder Brotscheiben mit einer Cocktailsauce aus Ketchup (Rezept siehe KETCHUP) und Mayonnaise (Rezept siehe MAYONNAISE) bestreichen. Darüber kommt 1 Scheibe Gewürzgurke und darauf 1 Stückchen von einem Salatblatt.
- Auf das vorbereitete Brötchen oder die Brotscheibe wird die Mini-Frikadelle (Rezept siehe FRIKADELLEN) gesetzt. Darüber kommt 1 Scheibe einer Cocktailtomate, kleine Schalottenringe und ein zweites mit Cocktailsauce bestrichenes Brot. Zahnstocher durch, und fertig ist der Mini-»Hamburger«.

**Total unenglisch mit Sardellen:**

# FISH AND CHIPS

***Leonore Capell:*** Bei der Erinnerung an meinen einzigen Versuch, das englische Nationalgericht Fish and Chips zu essen, stellen sich mir heute noch die Haare auf. Aber Sie behaupten, Manfred, Sie hätten da eine eigene Version …

***Manfred Stocker:*** Probieren Sie's aus! Meine **Sardellen in Kartoffelchips** schmecken Ihnen bestimmt.

**Trick Nr. 1:** Die rohe Kartoffel. Schälen Sie eine rohe, ziemlich große fest kochende Kartoffel und schneiden Sie sie in sehr feine Scheiben – mit der Brotmaschine. Dann macht's überhaupt keine Mühe. Schneiden Sie jede Kartoffelscheibe in der Mitte so ein, dass ein circa 2 Zentimeter langer Schnitt entsteht.

**Trick Nr. 2:** Frische Sardellenfilets. Lassen Sie Sardellenfilets im Tiefkühler hart frieren. Wenn Sie Ihren Fischhändler darum bitten, filetiert er Ihnen bestimmt ein Dutzend, sonst suchen Sie sich einfach möglichst kleine Fische aus und verwenden die im Ganzen. Frittiert kann man ja Kopf und Gräten mitessen. Ohne schmeckt's nur – eleganter.

**Trick Nr. 3:** Sardelle im Chip. Stecken Sie je 1 Filet durch den Schnitt in einer Kartoffelscheibe. Backen Sie alle »Fish and Chips« in heißem Butterschmalz aus und lassen sie sie auf Küchenpapier etwas abtropfen.

**Trick Nr. 4:** Erst nach dem Frittieren salzen – wer vorher salzt, bekommt, genau wie bei normalen Kartoffelchips oder Pommes frites, Sardelle plus Kartoffelscheibe nicht richtig kross.

Die fertigen Filets mit Kartoffelkragen sehen nicht nur als Deko zu Fischgerichten gut aus, sondern sorgen auch als überraschender Partysnack für reichlich Bewunderung.

Die Elsässer Antwort auf Pizza:

# FLAMMEKUCHEN

***Leonore Capell:*** Auch wenn ich sie der Figur wegen nicht oft esse – ich liebe Pizza, aber fällt Ihnen eine neue Variation der flachen Fladen ein, Manfred? Mit was anderem als Tomaten, Salami oder Schinken belegt?

***Manfred Stocker:*** Wie wär's mit elsässischem Flammekuchen? Schön dick mit Speck und Zwiebeln belegt?

***LC:*** Ist das so etwas ähnliches wie Zwiebelkuchen?

***MS:*** Nein, der wird mit Mürbeteig gemacht. Für Flammekuchen – das »n« bei »Flammen« lassen die Elsässer immer weg – brauchen wir einen Hefeteig unter Speck und Zwiebeln:

- Für 2 Kuchen lösen Sie 1/2 Päckchen Hefe in lauwarmem Wasser auf. Nicht in heißem! Die Hitze tötet die Hefebakterien! Geben Sie 125 g Mehl dazu (etwa ein Viertel einer Normaltüte), 1 Prise Salz und circa 1/8 l Wasser, wieder lauwarm. Alles gut zu einem festen Teig mischen und mindestens 30 Minuten im Warmen ruhen lassen. Noch besser: Machen Sie den Teig am Abend vorher, lassen Sie ihn 24 Stunden im Kühlschrank ruhen, kneten Sie ihn einmal durch, rollen Sie ihn aus und lassen ihn dann noch mal 30 Minuten in Frieden. So wird er besonders leicht und luftig.
- Schneiden Sie 100 g Speck in Würfelchen und 2 Zwiebeln in dünne Ringe. (Wie man das ohne Tränen macht? Siehe ZWIEBEL.)
- Wenn's schnell gehen soll, rollen Sie den aufgegangenen Teig schon nach 20 Minuten dünn aus und stechen mit einem großen Teller 2 Kreise aus.
- Bestreichen Sie die Teigkreise mit etwas Crème fraîche.

- Streuen Sie die Speckwürfel darüber und belegen Sie diese mit Zwiebeln.
- Backen Sie die Flammekuchen im vorgeheizten Backofen bei 250 Grad circa 10–15 Minuten goldbraun. Wenn Sie den Teig schon am Abend vorher gemacht haben, reicht eine Temperatur von 170 Grad.

*Seinen Namen bekam der »Flammekuchen«, weil einige Zwiebelringe im Ofen dunkelbraun werden und sich dann wie Feuerflammen über den Belag schlängeln.*

***LC:*** Ich weiß, dass man dazu Weißwein trinkt. Welchen empfehlen Sie, Manfred?

***MS:*** Im Elsass gibt's Flammekuchen im Herbst zum Federweißen, also zum noch nicht ganz durchgegorenen neuen Wein. Ich mag am liebsten einen trockenen Riesling dazu.

Die Mutter aller guten Saucen:

# FOND

***Manfred Stocker:*** Er ist die Basis für die Qualität aller Fleischgerichte, oder besser: für die feinen Saucen, die dazu gehören – der Fleischfond, der auch »Grundsauce« genannt wird …

***Leonore Capell:*** Aber er macht bestimmt schrecklich viel Arbeit!

***MS:*** So schlimm ist das gar nicht. Außerdem lohnt es sich. Weil kein fertig gekaufter Fond so gut schmeckt wie der selbst gekochte. Weil er die richtige Grundlage für alle feinen Saucen liefert, und weil Sie sich die Arbeit nicht oft machen müssen. Kochen Sie den Fond auf Vorrat. Er hält sich lange im Kühlschrank und kann auch eingefroren werden.

***LC:*** Aber ich habe in Ihrer Küche gesehen, dass Sie mal mit hellem Fond arbeiten, mal mit dunklem …

***MS:*** Sie brauchen beide. Den hellen für helle Saucen, zum Beispiel zu Geflügel, den dunklen für alles dunkle Fleisch. Der Unterschied – für hellen Fond werden Kalbs-, Rind- oder Geflügelknochen gewaschen und dann in kaltem Wasser mit Suppengrün aufgesetzt und ausgekocht. Der aufsteigende Schaum wird abgeschöpft und entfettet. Klären ist für Fond nicht nötig. Für dunklen werden die Knochen erst angebraten. Und weil das etwas komplizierter ist, erklär ich Ihnen das Rezept »step by step«:

▶ Lassen Sie sich für 2 l Fleischbrühe vom Metzger 3 kg Kalbsknochen zu Walnussgröße hacken. Je kleiner, umso gleichmäßiger ist der anschließende Röstvorgang, umso schöner die braune Farbe der Knochen, umso besser der Geschmack des Fonds.

- Erhitzen Sie in einem Bräter Pflanzenöl, geben Sie die Knochen hinein und schieben Sie den Bräter so lange in den auf 250 Grad vorgeheizten Backofen, bis die Knochen etwas Farbe annehmen. Schütteln Sie den Bräter ab und an kräftig, damit sie von allen Seiten bräunen.
- Sobald die Knochen sich langsam braun färben, geben Sie Röstgemüse dazu – Stücke von 1/2 geschälten Sellerie, 1–2 Karotten, 1–2 geschälten Zwiebeln plus 2 Lorbeerblätter, 8–12 Pfefferkörner, 10 Pimentkörner, eventuell 1 Knoblauchzehe. Das alles kommt erst jetzt zu den Knochen, damit es nicht verbrennt und dadurch den Fond bitter macht. Weitere 5 Minuten später geben Sie das Weiße von 1 grob geschnittenen Porreestange dazu (Porree gleich Lauch verbrennt am leichtesten).
- Wenn die Knochen dunkelbraun sind, tomatisieren Sie alles. Das heißt: Mischen Sie Knochen und Gemüse mit 2 Esslöffeln Tomatenmark, rösten Sie es 2–3 Minuten mit. Löschen Sie Gemüse und Knochen dann mit etwa 1/2 Flasche Rotwein ab und lassen Sie die Flüssigkeit etwas einkochen. Jetzt noch 1/4 l Wasser dazu, das mitkocht, bis sich der Bratensatz vom Bräterboden löst.
- Sind Rotwein und Wasser fast verkocht, sollten die Knochen braun glänzen. Dann wird etwas Wasser nachgegossen, bis alles wieder fast verkocht ist und die Knochen wieder glänzen. Der Vorgang des Einkochens wird 3 x wiederholt. Dieses langsame, schrittweise Einkochen verstärkt den Geschmack des Fonds.
- Schütten Sie alles in einen großen, heißen Topf. Geben Sie so viel Wasser dazu, dass die Knochen knapp bedeckt sind, und lassen Sie den Fond 2–3 Stunden bei milder Hitze leicht köcheln.
- Gießen Sie den braunen Fond durch ein Tuch in einen neuen Topf und stellen Sie diesen für eine Nacht in den Kühlschrank. Dann können Sie das ausgetretene Fett als helle Schicht oder »Schollen« einfach mit der Schaumkelle abheben.
- Lassen Sie den Fond anschließend auf die Hälfte einkochen, bis er sich leicht bindet – durch den Knochenleim. Seinetwegen nehme ich Kalbs- statt Rinderknochen, denn sie enthalten mehr Leim.

*Für einen dunklen Saucenfond müssen zuerst klein gehackte Knochen angebraten werden. Anschließend werden sie und die zugefügten Gemüse mit Tomatenmark »tomatisiert«. Erst dann wird mit Rotwein »abgelöscht«.*

**Extratipp 1:** Gehen Sie mit dem Rotwein erst mal sparsam um. Seine Säure gibt dem dunklen Fond sein gutes Säurearoma, aber das darf nicht zu stark hervorschmecken. Deshalb ist es besser, fürs Ablöschen und Einkochenlassen etwas weniger zu nehmen und immer mal wieder abzuschmecken. Einen zusätzlichen Schuss Rotwein dazugeben können Sie immer noch, wenn Ihnen das Saucenaroma zu »lahm« vorkommt.

**Extratipp 2:** Der Fleischfond hält sich im Kühlschrank rund 1 Woche, tiefgefroren mehrere Monate – am besten in Eiswürfelbehältern, weil Sie ihn dann stückchenweise als Geschmacksverstärker oder Saucengrundlage verwenden können.

**Extratipp 3:** Vorsicht mit Salz! Durch das Einkochen, also Reduzieren, wird das Aroma so verstärkt, dass man meist gar kein Salz braucht.

**Der ultimative Fleischklops:**

# FRIKADELLE À LA MANFRED

***Leonore Capell:*** Für Berliner ist es eine Bulette, für Süddeutsche ein Fleischpflanzerl, für Hamburger eine Frikadelle, aber die Zubereitung ist immer gleich. Haben Sie dafür auch gute Küchentricks parat, Manfred?
***Manfred Stocker:*** Natürlich, denn Frikadellen gehören zu meinen Lieblingsgerichten.

**Trick Nr. 1:** Die Fleischqualität – sie muss erstklassig sein, und deshalb nehme ich für Frikadellen auch nicht irgendein »Hack«, wie man in Hamburg sagt, sondern reines Kalbfleisch. Rund 400 g, frisch, fettfrei und ohne Sehnen, für 4 Personen.
**Trick Nr. 2:** Angeröstete Zwiebeln und Knoblauch – braten Sie 1 geschälte und geviertelte Zwiebel und 1 geschälte und halbierte Knoblauchzehe in etwas Fett in einer Pfanne an und drehen Sie beides zusammen mit dem Fleisch durch den Wolf. Wenn Sie sich das ersparen wollen und sich das Fleisch beim Metzger durchdrehen lassen – sagen Sie ihm, dass es absolut frisch sein muss! –, schneiden Sie die Zwiebel in sehr feine Würfel, pressen den Knoblauch dazu und dünsten beides glasig, bevor Sie es zum Hackfleisch geben.

***LC:*** Kann ich beides nicht ungeröstet zum Fleisch tun?
***MS:*** So machen's die meisten Hausfrauen, aber dann ist der Zwiebel- und Knoblauchgeschmack schärfer, manchmal fast unangenehm, weil die Würfel beim Braten ungleichmäßig und oft nicht richtig durchgaren. Werden sie vorher geröstet, unterstreicht ihr Aroma das der Frikadellen.

**Trick Nr. 3:** Brot muss sein – weichen Sie circa 150 g Weißbrot vom Vortag (5 Toastscheiben oder 2 Brötchen in Scheiben geschnitten) in Milch ein. Ausgedrückt werden sie zusammen mit 2 Eiern (sie halten die Frikadellen zusammen) unter das Hackfleisch geknetet. Nicht um aus Geiz Fleisch zu sparen, sondern weil das Brot die Frikadellen locker und leicht macht.

**Trick Nr. 4:** Mut zur Würze – salzen und pfeffern Sie die Fleischmasse kräftig. Sie darf ruhig etwas versalzen schmecken, denn Braten »frisst« Salzgeschmack. Senf (circa 1 Esslöffel) und 1 Bund klein gehackte Petersilie kommen dazu und dann – für das Gourmetaroma – 1 Bund fein geschnittener frischer Majoran. Im Notfall tut's auch fein zerbröselter Trockenmajoran.

**Trick Nr. 5:** Paniermehl für die Farbe – formen Sie aus der Fleischmasse kleine Frikadellen und wälzen sie alle vor dem Braten in Semmelbröseln (Paniermehl). Dann wird die Farbe gleichmäßiger und schöner. Nun müssen Sie die Fleischpflanzerl nur noch in Butterschmalz langsam und bei mittlerer Hitze goldbraun braten, eine anschneiden, um zu sehen, ob das Fleisch auch innen nicht mehr rosa ist, und, wenn Sie keine Angst vor zu vielen Fettkalorien haben, alles zum Abschluss mit schäumender brauner Butter übergießen. Das verstärkt das Aroma des gebratenen Fleisches noch einmal.

**Trick Nr. 6:** Ab in den Backofen – wenn Sie viele Frikadellen braten und Arbeitszeit sparen wollen, können Sie die Frikadellen auch bei großer Hitze scharf anbraten und dann die Pfanne für 8–10 Minuten in den auf 180 Grad vorgeheizten Backofen stellen. Dann schmecken sie sogar noch besser, weil sich Fleischsaft und damit das Aroma beim Nachgaren gleichmäßiger verteilen.

**Übrigens:** Die Frikadellen sollten am selben Tag gebraten und gegessen werden, an dem das Kalbfleisch durchgedreht worden ist. Dann schmecken sie am feinsten.

**Wichtig:** Verarbeiten Sie die rohe Hackmasse immer am selben Tag! Bewahren Sie das gewürzte Fleisch nicht auf. Selbst im Kühlschrank ist es ein idealer Nährboden für schädliche Bakterien.

### Damit Sülze und Dessert zusammenhalten:

# GELATINE

***Leonore Capell:*** Ich weiß, dass sie Gummibärchen in Form bringt und Wackelpudding zum Wackeln. Aber wie man mit Gelatine in der Küche umgeht? Keine Ahnung …

***Manfred Stocker:*** Sie ist, besonders wenn es um Desserts geht, fast unverzichtbar. Aber wir brauchen Gelatine auch für Sülzen. Die wichtigsten Tricks für beide Zwecke:

**Trick Nr. 1:** Kaltes Wasser – Gelatineblätter müssen immer erst in kaltem Wasser eingeweicht werden, nebeneinander auf einem Teller, damit sie nicht zusammenkleben.

**Trick Nr. 2:** Pulver statt Blätter – Gelatinepulver kann einfach in heißen Saft oder pikanten Fond gestreut werden. Danach muss die Flüssigkeit aber einmal aufkochen.

**Trick Nr. 3:** Nicht kochen – Gelatine, egal ob als eingeweichtes Blatt oder als Pulver, nicht in kochende Flüssigkeit geben, sondern nur in gut warme. In kochendem Wasser oder Saft verliert beides seine Bindungsfähigkeit.

**Trick Nr. 4:** Eingeweichte Gelatine gut ausdrücken – erst danach wird sie in einem Topf langsam erwärmt, bis sie sich ganz aufgelöst hat – und zu der Flüssigkeit oder Masse geben (Sülzenfond, Saft für Rote Grütze oder zum Beispiel Parfaitmasse). Dann verteilt sie sich am gleichmäßigsten und bindet am glattesten.

**Trick Nr. 5:** Zeit zum Festwerden geben – eine dünne Schicht wie zum Beispiel für den Außenmantel einer Sülze braucht nur 30 Minuten, aber ein Dessert oder die Sülze selbst sollten mindestens 2 Stunden Gelierzeit bekommen.

### Tafelspitzsülzen-Rezept

- Weichen Sie 16 Blätter Gelatine 10 Minuten in kaltem Wasser ein und lösen Sie sie vorsichtig in einem erhitzten Topf auf, bevor Sie circa 1 l von der warmen Fleischbrühe zugeben, in der der Tafelspitz gekocht worden ist. Sie wird als Sülzenfond nur mit Salz, Pfeffer und etwas Balsamico-Essig kräftig gewürzt, denn Gelatine bindet das Aroma.
- Legen Sie ein großes Stück Klarsichtfolie auf ein Backblech. Gießen Sie eine dünne Schicht gelatinierter Brühe darauf. Die wird – nach 20 Minuten im Kühlschrank – zum Außenmantel der Sülze.

***LC:*** Warum gieße ich das nicht gleich in die Sülzenform?

***MS:*** Ohne Folie fließt der Sülzenfond von den Rändern nach unten und zerfällt leicht, wenn der Sülzenkern eingelegt wird. Die Folie kann später, wenn alles zusammen fest geworden ist, einfach abgezogen werden.

- Legen Sie nun die Folie mit dem hart gewordenen Gelatinefond in eine Sülzenform. Darauf kommt der gekochte Tafelspitz, den Sie vorher in kleine Würfelchen schneiden müssen. Sie können stattdessen feines Fischfilet nehmen, circa 500 g, geräuchert zum Beispiel, oder Reste von gebratenem Fleisch. Auch vorher blanchiertes Gemüse eignet sich – als Dekoration wie als Einlage.
- Auf Fleisch, Fisch oder Gemüse kommt der restliche Sülzenfond, dann muss alles für mindestens 2 Stunden in den Kühlschrank.
- Zum Servieren stürzen Sie die Form auf ein Brett, ziehen die Folie vorsichtig ab und schneiden die Sülze mit einem scharfen Messer – am besten eignet sich ein Sägemesser – in Scheiben. Zusammen mit einem kleinen Salatbukett ist das eine schöne Vorspeise, mit Bratkartoffeln ein gutes Hauptgericht.

## Der ganz individuelle Winterdrink:
# GLÜHWEIN

***Leonore Capell:*** Klar, heißer Rotwein und ein Beutelchen Glühweingewürz dazu – so einfach kann man sich's machen. Aber geht's auch feiner, Manfred?

***Manfred Stocker:*** Selbstverständlich, und zwar mit Gewürzen, die für die Fertigmischungen zu edel sind:

**Trick Nr. 1:** Nicht am Rotwein sparen – natürlich kann man Billigwein nehmen. Durch die Gewürzzugabe, so glauben viele, fällt das nicht auf. Tut es aber doch. Teurer Bordeaux ist wirklich zu schade dafür, aber ein Rotwein für rund 10 Euro hat einfach mehr Qualität und damit mehr Aromen als der aus der 2-Euro-Flasche.

**Trick Nr. 2:** Mehr als die üblichen Gewürze wie Zimtstange und Nelke – zum Beispiel außerdem etwas Orangen- und Zitronenschale, Sternanis, gehobelte Mandelsplitter, ein paar Rosinen und, um dem Ganzen ein neues Aroma, etwas Schärfe zu geben, Ingwer in feinen Würfeln. Dazu gebe ich noch je 1 Schuss Amaretto, Portwein und Rum und süße mit Zucker.

***LC:*** Wie viel soll ich von den Gewürzen jeweils nehmen?

***MS:*** Schwer zu sagen, 1 Zimtstange auf 1 Flasche Rotwein etwa? 4–6 Nelken? Je 2 Teelöffel Orangen- und Zitronenschalen? Circa 2 Teelöffel Mandeln? Wir Köche machen so etwas freihändig. Riechen Sie einfach an den Gewürzen und entscheiden Sie selbst, wie viel jeweils Ihrem Geschmack entsprechen könnte.

**Trick Nr. 3:** Richtig kochen lassen - die Gewürze geben sonst zu wenig Aroma an den Wein ab. Außerdem verkocht so ein Teil des Alkohols, und man kann mehr Glühwein trinken, ohne dass die Wirkung allzu heftig wird.

**Extratipp:** Probieren Sie mal Glühwein mit weißem Wein, zum Beispiel Grauburgunder, Ruländer (gleiche Rebsorte wie Grauburgunder, nur etwas süßer ausgebaut) oder Chardonnay und den vorgeschlagenen Gewürzen. Das ist eine tolle Alternative.

*Diese Gewürze passen zum Glühwein: Zimtstange, Nelken, Orangen- und Zitronenschale, Sternanis, Mandeln, Rosinen, Ingwer.*

## Die Kunst, Fertiges zu verfeinern:

# GRATINIEREN

***Leonore Capell:*** In einem Küchenlexikon habe ich folgende Definition fürs Gratinieren gefunden: »Zusätzliches Garverfahren für schon vorgegarte Speisen mit dem Ziel, zusätzliche Geschmackstoffe durch das Überbacken bei Oberhitze zu wecken, was auch dem Auge und später dem Ohr beim Anstechen etwas wehtut.« Manfred, daraus werde ich nicht schlau …

***Manfred Stocker:*** Kein Wunder. Warum einem Auge und Ohr beim Anstechen wehtun sollen, verstehe ich nicht. Selbst der erste Teil der Definition ist nur fast richtig, denn auch Rohes kann natürlich gratiniert werden. Dazu kommt: Gratinieren ist viel einfacher, als es sich hier anhört. Ob Kartoffeln, Blumenkohl oder zum Beispiel ein feines Dessert – gratiniert bekommen sie ein neues, interessantes Aroma. Das bekannteste und auch in der feinen Gastronomie immer noch beliebteste Gericht ist **Kartoffelgratin**:

- Schneiden Sie rohe, geschälte Kartoffeln in Scheiben – mit dem Küchenmesser, mit einer Reibe oder mit der Brotschneidemaschine.
- Schichten Sie die Kartoffelscheiben in eine Auflaufform, die Sie vorher mit weicher Butter ausgestrichen haben.

***LC:*** Weiche Butter? Meine ist immer kühlschrankhart …

***MS:*** Dann stellen Sie die Auflaufform mit einem Klecks Butter kurz in den Backofen, bei 200 Grad. Die Butter ist in wenigen Minuten geschmolzen

*Bekannt und beliebt ist Kartoffelgratin mit Käsekruste. Feiner Fisch schmeckt besonders »elegant«, wenn er mit einer Avocado-Creme überbacken wird.*

und lässt sich durch Schwenken der Form leicht bis zum Rand verteilen. Aber Vorsicht! Die Auflaufform ist heiß! Also nur mit Küchentuch oder Topflappen anfassen!

- Würzen Sie die Kartoffeln mit Salz und Pfeffer. Sie können auch etwas Muskatnuss drüberreiben.
- Gießen Sie so viel Sahne über die Kartoffeln, bis sie bedeckt sind. Im vorgeheizten Backofen gart dann alles bei 200 Grad in circa 20 Minuten.

 ***LC:*** Wo bleibt der Käse, der sonst immer dazu gehört?

***MS:*** Der kommt erst dran, wenn die Kartoffeln gar sind. Das ist der Trick dabei. Gibt man ihn gleich über die Sahne, verbrennt er zu leicht. Deshalb:

- Reiben Sie erst nach 20 Ofenminuten Parmesankäse über die gegarten Kartoffeln. Es kann auch ein Rest Edamer in feinen Streifen, Emmentaler oder Gouda sein. Wichtig ist nur, dass der Käse nicht fettarm ist und nicht zu viel Eigenaroma hat. Dann schmeckt man die Kartoffeln nicht mehr.
- Schieben Sie die Auflaufform wieder in den heißen Backofen. Nach circa 10 Minuten haben Sie eine schöne goldbraune Käsekruste. So werden die Kartoffeln als Beilage zum Beispiel zu Grill- und Lammgerichten serviert.

***LC:*** Und wenn ich als Kartoffelfan das Gratin als Hauptspeise essen möchte?
***MS:*** Dann geben Sie zum Beispiel Schinkenwürfel zwischen die Kartoffelscheiben und Oliven. Oder Gemüse wie Karotten und Brokkoli.
***LC:*** Kann ich nur mit Käse gratinieren?
***MS:*** Nein. Statt Käse schmeckt auch ein gratinierter **Avocado**. Das Rezept finden Sie unter dem Stichwort AVOCADO. Bei Desserts wird eine Ei-Sahne-Zucker-Mischung, Zucker allein oder süßes, steif geschlagenes Eiweiß überbacken. Entweder mit einem Gasbrenner sozusagen freihändig oder bei starker Oberhitze im Ofen.

## Roher Fisch vom Feinsten:

# GRAVED LACHS

***Leonore Capell:*** Er schmeckt immer lecker, der Lachs, aber am liebsten mag ich ihn geräuchert mit Kräutern drumrum …

***Manfred Stocker:*** Der Lachs mit der feinen Kräuterkruste ist nicht geräuchert, sondern nur gebeizt. »Graved« heißt er, nach dem schwedischen Wort für »eingegraben«. Die Schweden haben die Lachsfilets früher angeblich mit Salz und Kräutern bestreut und dann so lange in einem Erdloch verbuddelt, bis das Fleisch ganz weich wurde. Das machen wir heute einfacher und schneller:

- Nehmen Sie eine ganze Lachsseite ohne Gräten, aber mit Haut. Die schützt die untere Seite. Auf die rosa Oberfläche gebe ich erst einmal dünne Schalenstreifen von je 1 Zitrone und Orange, die am einfachsten mit dem Zestenreißer abgerissen werden. Sie liefern ein besonders raffiniertes Aroma.
- Mischen Sie Kräuter wie fein geschnittenen Dill und Basilikum (je 1 Bund) und ein paar zerdrückte Wacholderbeeren, Pfeffer- und Senfkörner (je 1 Esslöffel) plus grobes Meersalz, weil es feiner schmeckt als Normalsalz, mit Zucker (im Verhältnis 1 : 1). Geben Sie das alles zusammen mit 2 Nelken und 2 Lorbeerblättern auf den Lachs, so dass er überall dünn bedeckt ist.
- Stellen Sie die Lachsseite für 2 Tage in den Kühlschrank – in einem Bräter, denn sie verliert viel Flüssigkeit.
- Geben Sie den Lachs auf ein Brett und kratzen Sie die Kräuter-Salz-Zucker-Mischung einfach ab. Schnell abgespült und abgetrocknet kann der Graved Lachs schon in dünne Scheiben geschnitten und gegessen werden.

**LC:** Ohne grünen Kräuterrand?

**MS:** Der ist nur eine Verzierung. Dafür schneiden Sie noch mal frischen Dill sehr fein und drücken ihn vor dem Aufschneiden auf das Lachsfleisch. Dann hat jede abgeschnittene Scheibe den gewünschten grünen Rand. Dazu gibt's entweder die klassische Honig-Senf-Sauce oder als Vorspeise etwas Blattsalat und Kartoffelrösti (Rezept siehe MATJES-TATAR).

### Honig-Senf-Sauce-Rezept für 2 Personen

Mischen Sie circa 1 1/2 Esslöffel Senf, 1 Esslöffel Honig, 1/2 Esslöffel Estragonessig und 1 Esslöffel Gemüsefond mit 1/4 Bund Dill (fein gehackt). Rühren Sie einen Schuss Öl unter, bis alles schön sämig ist.

*Graved Lachs wird meist mit einem Rand aus frischen Kräutern serviert, den man aber erst nach dem »Garen« durch eine Salz-Zucker-Kräuter-Mischung aufträgt*

**Sommeraroma vom Rost:**

# GRILLEN MEDITERRAN

***Manfred Stocker:*** Rund ums Mittelmeer gehört Grillen zu den ganz alten Traditionen. Jede Mahlzeit wird zu einem kleinen Fest. Weil es etwas Geselliges hat, wenn Familie und Freunde sich rund um den heißen Rost versammeln.

***Leonore Capell:*** Na klar, aber worauf kommt's dabei an?

***MS:*** Das Geheimnis einer gelungenen Grillparty ist einfach: Sie brauchen nur Holzkohle, einen Rost und Lebensmittel bester Qualität.

**Trick Nr. 1:** Große Hitze – die Grillzutaten müssen rundum wirklich heiß angebraten werden, damit sich die geschmackvolle Kruste bildet, die Saft und Aroma im Grillgut einschließt. Dafür müssen Sie die Kohlen mindestens 45 Minuten vor dem eigentlichen Braten anheizen. Sie sollen alle glühen, wenn's losgeht.

**Trick Nr. 2:** Platz auf dem Rost – legen Sie nicht zu viel Fleisch, Fisch oder Spießchen drauf. Sonst brauchen die Speisen länger, bis sie gar werden. Die Hitze reicht dann auch nur zum Dämpfen statt zum Grillen, und alles wird zäh.

**Trick Nr. 3:** Der saubere Rost – ist er mit alten Grillresten verklebt, leitet er die Hitze von den Kohlen nicht mehr richtig zu den Speisen. Am einfachsten reinigt man ihn jedes Mal mit einer Drahtbrüste, solange er noch heiß ist.

**Trick Nr. 4:** Marinieren – am besten schmecken Rind und Lamm, wenn die Stücke vorher ein paar Stunden in einer Marinade aus Öl und Kräutern gelegen haben. Sie muss aber gut abtropfen oder abgetupft werden.

***LC:*** Wieso?

***MS:*** Wenn das Marinadenöl ins Feuer tropft und verbrennt, entstehen nicht nur Bitteraromen, die den Geschmack verderben, sondern auch Stoffe, die der Gesundheit schaden können.

***LC:*** Wie grille ich Fisch richtig? Und welchen?

***MS:*** Wie wär's mit **gegrillten Sardinen in Schalottenmarinade**?

- ▶ Für eine Marinade, die für 12 Sardinen (ausgenommen vom Fischhändler und ohne Kopf) reicht, verrühren Sie 4 geschälte und in feine Ringe geschnittene Schalotten plus 1 geschälte und durchgepresste Knoblauchzehe mit 150 ml (etwa $^{1}/_{3}$ Flasche) bestem Olivenöl. Dazu kommen Schalenabrieb und Saft von 1 Zitrone, Salz, Pfeffer und 1 kleiner Bund glatte Petersilie.
- ▶ Legen Sie die Sardinen für 3 Stunden in die Marinade. Tupfen Sie die Fische trocken und grillen Sie alle für 3–4 Minuten. Die Marinade passt zu Tintenfischen, Meeräsche und zum Beispiel Seeteufelkoteletts. Dafür lassen Sie sich vom Fischhändler 100-Gramm-Stücke mit der Mittelgräte schneiden. So bleibt der Fisch beim Grillen saftiger. Sehr gut schmecken auch gegrillte Jakobsmuscheln oder Scampi mit Salsa verde als Dip.

***LC:*** Haben Sie auch was für Gemüsefans, Manfred?

***MS:*** Klar. Meine **Gemüsegrillade**.

- ▶ Putzen Sie 4 kleine Frühlingszwiebeln. Schneiden Sie 1 Aubergine in 4 fingerdicke Scheiben. Putzen Sie 4 kleine Fenchelknollen (Wurzeln und Grün abschneiden, waschen, abtrocknen).
- ▶ Rösten Sie alles mit 4 halbierten Tomaten ohne Strunk und 12 Stangen grünem Spargel auf einer nicht zu heißen Stelle des Grills, bis das Gemüse schön braun und knusprig ist.
- ▶ Grillen Sie circa 80 g Parmaschinken oder je 2 Scheiben pro Person, bis sie sich leicht wellen.

- ▶ Richten Sie das Gemüse auf 4 Tellern an und dekorieren Sie es mit den Schinkenscheiben. Dazu schmeckt zum Beispiel eine Oliventapenade.

*LC:* Wie wär's noch mit einem neuen Fleischrezept, Manfred?
*MS:* Was halten Sie von **Lammkoteletts mit Salsa verde**?

- ▶ Legen Sie die Lammkoteletts in Olivenöl ein, das Sie mit etwas durchgepresstem Knoblauch aromatisiert haben. Geben Sie außerdem ein paar Zweige Thymian und 1 Zweig Rosmarin dazu.
- ▶ Tupfen Sie die Lammkoteletts nach etwa 3 Stunden gut ab und grillen Sie das Fleisch auf beiden Seiten je 3–5 Minuten.
- ▶ Für die mediterrane Salsa verde – »Salsa« heißt im Italienischen einfach nur »Sauce« – werfen Sie 1 Bund glatte Petersilie (circa 60 g), 12 Blatt Basilikum, 2 Stängel Oregano, 3 eingelegte Sardellenfilets, 1 Esslöffel mit Kapern, 1 geschälte Schalotte und 1 geschälte Knoblauchzehe in einen Mixer. Geben Sie 1 Esslöffel Limonensaft dazu, Salz und Pfeffer und mixen Sie alles mit 125 ml Olivenöl (etwas weniger als 1/3 einer Normalflasche), bis eine glatte Masse entsteht. Die Sauce hält sich übrigens im Kühlschrank rund eine Woche – in einem geschlossenen Behälter!

**Oliventapenaden-Rezept**

Hacken Sie die folgenden Zutaten klein: circa 150 g entkernte grüne und schwarze Oliven (rund 12 Stück), 100 g getrocknete Tomaten (Rezept siehe BRUSCETTA), 2 eingelegte Sardellenfilets, 8 Kapernkirschen (dreimal so groß wie Normalkapern, gibt's im Glas in Feinkostgeschäften), etwas frischen Thymian, Knoblauch und frischen Chili nach Belieben. Mischen Sie alles mit circa 6 Esslöffeln bestem Olivenöl und würzen Sie mit etwas Limonensaft, Salz und Pfeffer.

**Mit Linsen und als Sommersuppe:**

# GURKE

***Leonore Capell:*** Gurkenscheiben verwende ich hauptsächlich für die Gesichtspflege. Sie sollen der Haut ja Feuchtigkeit geben. Fürs Kochen fällt mir nur langweilig-wässeriger Gurkensalat ein. Manfred, haben Sie was Besseres zu bieten?

***Manfred Stocker:*** Wie wär's mit einem **Gurken-Linsen-Gemüse**? Das schmeckt erfrischend und ist ein wunderbares Gericht für Vegetarier.

**Trick Nr. 1:** Kerne raus – halbieren Sie eine Salatgurke der Länge nach …

***LC:*** Was ist der Unterschied zwischen Salat- und anderen Gurken?

***MS:*** Die für den Salat sind lang und dünn. Sie haben das knackigere Fleisch. Gemüsegurken sind kurz und dick und schmecken besser gegart.

***LC:*** Okay, ich halbiere also die Salatgurke …

***MS:*** Dann kratzen Sie mit einem Löffel die Kerne heraus. Erstens sehen die Gurkenstücke ohne Kerne im fertigen Gericht hübscher aus, und zweitens schmecken die Kernchen leicht bitter, besonders wenn man die Gurke im Mixer püriert wie etwa für geeiste Gurkensuppe.

***LC:*** Meine Mutter sagte immer, man müsse beide Gurkenenden großzügig abschneiden, weil sie meist scheußlich bitter seien …

***MS:*** Früher stimmte es. Modernen Gurkenzüchtungen ist die Bitterkeit ausgetrieben worden. Jetzt brauchen Sie nur noch unten den Stielansatz und oben die Kappe sparsam abzuschneiden.

**Trick Nr. 2:** Gurken in Butter dünsten – das betont den Gurkengeschmack. Schneiden Sie die Gurke in dickere Scheiben und dann in Würfel von circa 1 cm Kantenlänge. Geben Sie sie zusammen mit 2–3 Esslöffel Balsamico-Linsen (Rezept siehe LINSEN) und Kräutern wie klein geschnittenem Dill oder Petersilie in heiße, schäumende Butter und schwitzen Sie sie circa 2 Minuten an. Sie sollen knackig bleiben.

**Trick Nr. 3:** Heiß servieren – mischen Sie so viel rote Minilinsen (ohne Einweichen vorher 15 Minuten in Salzwasser geköchelt) unter die angedünsteten Gurkenwürfel, wie Sie es persönlich mögen, noch mal 3–5 Esslöffel, und servieren Sie das Gurken-Linsen-Gemüse einem vegetarischen Freund heiß. Es sättigt wie ein Hauptgericht. Lauwarm oder kalt serviert schmeckt die Mischung als **Gurken-Balsamico-Linsensalat** zum Beispiel zu einem Steak (Rezept siehe STEAK).

*Geeiste Gurkensuppe sieht besonders hübsch aus, wenn zur Verzierung noch ein paar Kringel aus dunkelgrünem Kürbiskernöl darüber »gemalt« werden.*

***LC:*** Kann ich Reste von diesem Gurken-Linsen-Gemüse im Kühlschrank aufheben?

***MS:*** Für einen Tag schon, aber da drin darf es nicht zu kalt sein, sonst werden die Gurken glasig, weil sie einen sehr hohen Wasseranteil haben, und schmecken nur noch bitter.

***LC:*** Haben Sie noch einen Gurkenvorschlag?

***MS:*** Wie wär's mit einer **geeisten Gurkensuppe**? Die schmeckt super und ist schnell gemacht: Stellen Sie Teller ins Eisfach, damit die Suppe später darauf serviert werden kann. Anschließend

- ▶ schälen Sie 1 Salatgurke, halbieren sie und nehmen mit einem Löffel das Kerngehäuse heraus. Schneiden Sie die Gurke in Stücke und geben Sie sie in den Mixer. Dazu
- ▶ kommen einige Eiswürfel und 1 Becher Buttermilch, die ebenfalls richtig kalt sein sollte. Salz und Pfeffer dazugeben – ich nehme auch etwas Cayennepfeffer, weil der schärfer ist – und etwas Zitronensaft. Deckel drauf, durchmixen und eventuell nachwürzen. Dann

- geben Sie noch Kräuter wie Dill und Schnittlauch dazu, und alles wird noch einmal durchgemixt.
- Zum Schluss die Suppe auf die geeisten Teller geben, und damit das Ganze »Biss« hat, eventuell Gurkenwürfel oder **gebeiztes Filet vom Seesaibling** oder Lachs hineinlegen.

### Seesaibling-Beize-Rezept

Falls es Ihr Fischhändler nicht schon für Sie gemacht hat: Fisch häuten und filetieren, mit einer Pinzette alle im Fleisch gebliebenen Gräten entfernen. Filets für einen halben Tag in eine Beize aus Salz (circa 1 gehäuften Esslöffel für 4 Filets) und Zucker (circa 2 Esslöffel) und Gewürzen legen, zum Beispiel Pfeffer- und Senfkörner, Nelke, Majoran, zerstoßene Wacholderbeere, Lorbeerblatt, Basilikum und Dill, Orangen- und Zitronenschale (siehe GRAVED LACHS).

**Die beliebteste Sauce der Welt:**

# HOLLANDAISE

***Leonore Capell:*** Saucen sind das A und O der guten Küche. Sagt man. Ich geb's zu: Sauce Hollandaise schmeckt wirklich besonders gut, nicht nur zu Spargel. Aber wie krieg ich sie hin? Sie ist doch schrecklich schwierig zu machen …

***Manfred Stocker:*** Keine Angst. Alle Laien fürchten sich vor der Zubereitung dieser Buttersauce. Angeblich »kippt« sie so leicht von glatt und schön zu krisselig und hässlich. Sie gerinnt, aber das muss nicht sein.

*Für Sauce Hollandaise erst Eigelb mit etwas Fond verrühren. Im warmen Wasserbad, damit die beiden Zutaten gleichmäßig warm werden. Dann erst flüssige Butter zugeben. Sie darf nicht heißer sein als die Ei-Fond-Mischung, sonst gerinnt das Eigelb!*

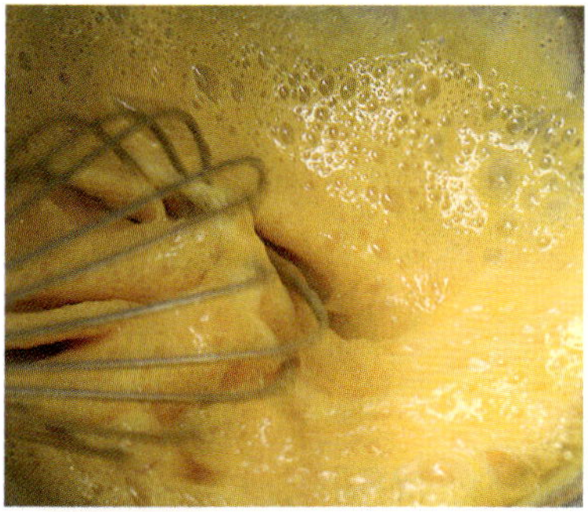

**Trick Nr. 1:** Das Wasserbad – Sie brauchen einen Topf mit heißem Wasser. Auf den warmen Dampf hängen Sie eine Aufschlagschüssel. In die kommen Eigelbe, zum Beispiel 3 Eigelb für eine 2-Personen-Hollandaise. Sie werden zusammen mit etwas Fond (für Spargel das Wasser, in dem der Spargel gekocht wurde) warm und schaumig gerührt. Wie viel Fond? Etwa 3 Esslöffel.

**Trick Nr. 2:** Die warme, zerlassene Butter – auf 3 Eigelb brauchen Sie circa 100–150 ml zerlassene Butter. Sie darf aber nicht mehr heiß sein, sondern nur warm. Sonst gerinnt das Eigelb. Diese Flüssigbutter wird langsam, nach und nach, in einem dünnen Strahl, untergerührt. Sie bindet die Eigelb-Fond-Mischung. Es kommt also nicht auf die genaue Buttermenge an, sondern darauf, dass die Sauce so dickflüssig wird, wie Sie es gern haben. Gewürzt wird mit Salz, Pfeffer und etwas Zitronensaft. Ich nehme außerdem etwas Cayennepfeffer und einen Schuss weißen Balsamico-Essig.

**Trick Nr. 3:** Zu dünn – mehr warme, zerlassene Butter unterrühren. Zu dick – etwas Spargel- oder Gemüsefond zugeben.

## Das neue Carpaccio-Gewürz:

# INGWER

***Leonore Capell:*** Ingwer kenne ich nur als Beilage zu Sushi, in hauchdünne Scheiben geschnitten. Wenn ich mir diese Wurzel so anschaue – ich glaube, ich brauche eine Wurzelbehandlung. Ich mache einen Termin bei Ihnen, Dr. Stocker!

***Manfred Stocker:*** Na gern, und gleich zur Einführung: Köche sagen nicht Ingwerknolle, sondern Ingwerwurzel. Wir mögen die »Geweihte«, so die deutsche Übersetzung des chinesischen Namens, weil sie eine feine Schärfe mit reichlich anderen Aromen ins Essen bringt, zum Beispiel verleiht sie Fisch einen sehr raffinierten Geschmack, etwa in einer **Ingwer-Vinaigrette** für ein **Thunfisch-Carpaccio**. Die Zubereitungstricks.

**Trick Nr. 1:** Frische – alter Ingwer schmeckt nur noch unangenehm scharf, weil seine aromatischen Öle verflogen sind. Beim Einkaufen im Asienladen oder am Gemüsestand müssen Sie deshalb darauf achten, dass die Knolle glänzt und nicht schrumpelig wirkt.

**Trick Nr. 2:** Sehr feine Scheiben – schneiden Sie den geschälten Ingwer sehr dünn, dann schmeckt er nicht so scharf.

**Trick Nr. 3:** Antischärfe-Behandlung – kochen Sie die Scheiben circa 10 Minuten in einem Sud aus etwas Wasser und Weißwein, halbe-halbe, mit einem Spritzer Essig und einer Prise Zucker. Dann brennt die Zunge beim Essen nicht mehr.

*Über den hauchdünn geschnittenen Thunfisch - leicht angefroren lässt er sich gut schneiden - kommt zum Schluss die Vinaigrette. Oben am Rand? Frischer Ingwer!*

***LC:*** Wie wird daraus eine Vinaigrette? Das ist doch eine Salatsauce, oder?

***MS:*** Wir Köche nennen jede kalte Sauce so, die mit Essig und etwa 3 x so viel Öl plus Gewürzen gemacht wurde. Vinaigrettes werden aber nicht nur für Salate, sondern auch zum Marinieren von Fisch oder Fleisch verwendet – zum Beispiel für Carpaccio. Wichtig für ihre sämige Konsistenz ist nur, dass immer erst der Essig mit den Gewürzen gemischt wird und dann erst mit dem Öl. Umgekehrt (erst Öl, dann Essig) verbinden sich die unterschiedlichen Aromen nicht richtig. Für die Ingwer-Vinaigrette verzichte ich aber auf das Öl und nehme stattdessen den Ingwersud:

- Mischen Sie ihn mit etwas Sojasauce. Geben Sie Kräuter wie zum Beispiel Kresse dazu, Pinienkerne, Würfelchen von gehäuteten und entkernten Tomaten (Tomaten häuten siehe BRUSCETTA) und den fein gehackten Ingwer.
- Verteilen Sie die Vinaigrette über den auf Tellern ausgelegten Thunfischscheiben. Die lassen sich auf der Brotschneidemaschine sehr dünn schneiden, wenn Sie das Filetstück vorher kurz im Froster angefroren haben. Der Trick mit dem Anfrieren gilt auch für ein Carpaccio aus Rinderfilet.

**Extratipp:** Mit Ingwer gekocht, wird Fleisch besonders zart, denn die Knolle enthält Enzyme, die Fleischfasern aufweichen.

***LC:*** Was kann ich mit Ingwer sonst noch machen?
***MS:*** In hauchdünne Scheiben geschnitten und mariniert (Rezept siehe MARINADEN), passt er nicht nur zu Sushi (Rezept Seite 222), sondern auch zu Krustentieren, also zu gekochtem Hummer oder gebratenen Garnelen, und zu gebratenem Fisch. Ingwer kann aber auch fruchtigen Desserts ein raffiniertes Schärfe- und Frischearoma geben – in feine Würfelchen geschnitten oder gemahlen und vorsichtig als Gewürz verwendet.

## Die berühmteste »Mehlspeise« Österreichs:

# KAISERSCHMARRN

***Leonore Capell:*** Die Österreicher nennen viele ihrer berühmten Desserts einfach »Mehlspeisen«. Die schmecken viel besser, als sich das Wort anhört. Eine meiner liebsten ist der Kaiserschmarrn, aber was heißt eigentlich »Schmarrn«, Manfred?

***Manfred Stocker:*** Der Hofkoch von Sissi und Franz Joseph I. wusste, so wird in Wien berichtet, dass Kaiserin Sissi unbedingt schlank bleiben wollte, und bot ihr deshalb nur leichte, luftige Desserts an. Pfannkuchen, den sie angeblich gern aß, war ihr zu schwer. Deshalb zerriss der Koch einen in kleine Stücke, und der Kaiser sagte nach dem ersten skeptischen Blick auf das Durcheinander mit einem Seufzen: »Na, dann geben Sie den Schmarrn halt her. Wir essen ihn schon.«

***LC:*** Schön, aber jetzt weiß ich immer noch nicht, was »Schmarrn« heißt …

***MS:*** In meiner österreichischen Heimat ist das ein Wort für »kleinen Unsinn«. Wir sagen: »Red nicht so 'n Schmarrn«, wenn einer zu sehr aufschneidet. Bei Kaiserschmarrn kann man aber gar nicht zu sehr aufschneiden, denn auch Kochanfänger bekommen ihn hervorragend hin. Schließlich ist die Grundlage ein ganz einfacher Pfannkuchenteig – plus ein paar Tricks:

*Die abgetropften Rumrosinen kommen oben auf den Kaiserschmarrnteig, damit sie nicht anbrennen.*

**Trick Nr. 1:** Rumrosinen – einige Stunden bevor Sie mit dem Kochen anfangen, legen Sie eine kleine Hand voll Rosinen in einen guten Esslöffel voll Rum. Das gibt Aroma!

**Trick Nr. 2:** Sahne zur Milch – für 2 Personen gibt man im Normalrezept 125 g Mehl in circa $^{1}/_{4}$ l Milch. Ich nehme stattdessen $^{1}/_{8}$ l Milch und $^{1}/_{8}$ l Sahne. So schmeckt's noch besser. Dazu kommen 1 knapper Esslöffel Vanillezucker, 3 Esslöffel Normalzucker und eine Prise Salz als Geschmacksverstärker. Das verrühren Sie zu einem glatten, dünnen Teig. Er soll so ähnlich wie flüssiger Honig über den Rührstab laufen. Ist er zu dünn – einfach noch etwas Mehl zugeben. Ist er zu dick – mit Milch verdünnen. Schlagen Sie nun vier Eiweiß mit 1 Esslöffel Zucker sehr steif. Mischen Sie es vorsichtig mit 4 Eigelb und heben Sie die Masse unter den Teig.

**Trick Nr. 3:** Backofen statt Herd – erhitzen Sie etwas Butter in der Pfanne. Geben Sie den Teig hinein und streuen Sie die Rumrosinen darüber. Jetzt kommt die Pfanne aber nicht wieder auf die Herdplatte, sondern für 10 Minuten in den auf 220 Grad vorgeheizten Backofen, bei Ober- und Unterhitze.

***LC:*** Warum?

***MS:*** Dann stockt das Eiweiß gleichmäßiger als auf dem Herd, die Pfannkuchenoberfläche zeigt ein einheitlicheres Braun.

**Trick Nr. 4:** Unterseite nach oben – wenden Sie den Kaiserschmarrn einmal, damit die goldenere Unterseite mit den eingebackenen Rosinen nach oben kommt. Dann müssen Sie ihn nur noch mit zwei Gabeln zerreißen. Ich gebe immer noch etwas Staubzucker darüber – der Schönheit wegen – und serviere ihn den Gästen mit Zwetschgenröster (Rezepte siehe ZWETSCHGEN), eventuell auch mit einer Kugel Vanilleeis, weil dessen Kälte die Hitze des Kaiserschmarrns schön ergänzt.

## Eischneetipps

- Die Eier müssen frisch sein, dann trennen sich Weißes und Dotter am leichtesten.
- Die Eier müssen kühl sein, dann wird das Eiweiß schneller steif und fester.
- Das Eiweiß darf kein Eigelb enthalten, sonst wird es nicht fest, deshalb: Jedes Ei über einem Extraschüsselchen aufschlagen. Wird der Dotter verletzt und fließt Gelbes ins Eiweiß, kann es mit einem Teelöffel herausgefischt werden. Klappt das nicht – wegwerfen. Klappt es – das Eiweiß in die Schlagschüssel geben.
- Schlagen Sie das Eiweiß ohne Zucker, bis es weiß, aber noch ziemlich flüssig ist. Geben Sie eine Prise Salz dazu, sie verstärkt den Geschmack, und erst dann den Zucker. Er verstärkt das Eiweißgerüst rund um die viele Luft und gibt Volumen.
- Schlagen Sie nicht mehr weiter, wenn das Eiweiß grisselig wird und ausflockt. Dann ist es »überschlagen«. Etwas Zitronensaft behebt den Schaden meistens und macht das Eiweiß wieder cremig.
- Das Eiweiß ist »steif«, wenn Sie die Aufschlagschüssel kopfüber halten können, ohne dass es herausläuft. Lassen Sie es nicht ewig herumstehen, sonst fällt es langsam wieder in sich zusammen und wird flüssig. Wann? In der Nähe des Herdes nach circa 10 Minuten.

**Übrigens:** Schneebesen oder Mixer und Schüssel müssen fettfrei sein, sonst wird das Eiweiß nicht richtig fest.

**Die rote Sauce für »alles«:**

# KETCHUP

***Leonore Capell:*** Gesund ist die rote Sauce aus Tomatenmark und Gewürzkräutern nicht, sagen Ernährungsexperten und warnen vor zwölf Stück Zucker, die in jeder Flasche stecken sollen. Aber – sie schmeckt!!! Manfred, kann ich sie selbst besser machen?

***Manfred Stocker:*** Kein Problem. Lassen Sie den Zucker, der ja heute als Dickmacher gilt, einfach weg und machen Sie Ketchup so, wie es die Briten einst von ihren Kolonialköchen in Indien lernten – auf Vorrat, denn die Sauce hält sich, auch ohne konservierende Zuckerzugabe, in einer sauberen, gut verschlossenen Flasche im Kühlschrank etwa 1 Monat.

- Schwitzen Sie 4–5 geschälte und klein gehackte Schalotten in etwas Olivenöl an.
- Geben Sie 2 Pfund geviertelte Tomaten dazu, mit Haut und Kernchen, und 1 gehäuften Esslöffel Tomatenmark, das Sie fertig kaufen können. Zum Schluss füllen Sie alles mit circa 1 l Tomatensaft auf.

***LC:*** Kein bisschen Zucker?

***MS:*** Nein. Tomaten und Tomatenmark enthalten von sich aus genug, um dem fertigen Ketchup einen süßen Geschmack zu geben.

- Lassen Sie alles circa 20 Minuten vor sich hin köcheln, bis es richtig schön dickflüssig ist, streichen Sie die Sauce durch ein feines Sieb, und schon ist das Ketchup fertig.

*So wenig Zutaten brauchen Sie fürs eigene Ketchup: Schalotten und etwas Olivenöl, um sie anzuschwitzen, Tomaten, Tomatenmark, Tomatensaft, Salz, Pfeffer.*

***LC:*** Keine weiteren Gewürze?

***MS:*** So viele Sie wollen. Ich gebe immer noch etwas Curry dazu. Sie können die Tomatensauce auch mit Salz und Pfeffer, Gewürznelken und Knoblauch – die werden mit gekocht – oder hinterher mit Muskat und Cayennepfeffer abschmecken. In Indien hatte früher jede Hausfrau nicht nur ihr eigenes Curryrezept, sondern auch eines für Ketchup. Entwickeln Sie Ihres!

***LC:*** Und wie mache ich die Pommes, die dazugehören?

***MS:*** Schauen Sie unter dem Stichwort POMMES nach. Da stehen meine Tricks.

Karamellisiert und mit Portwein:

# KIRSCHEN

***Leonore Capell:*** Manchmal ist mit mir »nicht gut Kirschen essen«, aber das ist hier nicht das Thema. Manfred, was kann man alles aus den süßen Sommerfrüchten machen?

***Manfred Stocker:*** Wussten Sie, dass es über 400 Sorten Kirschen gibt? Die süßen sind Klassiker der Süßspeisenküche. Das Angebot reicht von Kirschstrudel, -kuchen und -kompott bis zu einem meiner Lieblingsdesserts, nämlich **karamellisierten Herzkirschen in Portwein**:

- Die Kirschen entkernen. Mit einem Kirschentkerner, denn damit geht's am schnellsten und einfachsten. Für jeden, der Kirschgerichte mag, lohnt sich die kleine Investition.
- Für das Karamellisieren einen Topf oder eine Pfanne mit dickem Boden erhitzen, Zucker hineingeben und schmelzen lassen – so viel, dass Sie Ihre Kirschen gut darin wenden können. Warten Sie ab, bis der Zucker bei nicht zu viel Hitze langsam goldgelb geworden ist.

*Der Pfannenboden soll heiß sein, wenn der Zucker hineingegeben wird. Beim Umrühren man, wie er schmilzt. Die Kirschen kommen dazu, sobald der Zuck hellbraun ist.*

Dann schwenken Sie die Kirschen in diesem Karamell – des Aromas wegen und weil sich ihr Saft dann besonders gut mit dem gleich zugefügten Portwein verbindet.

- Löschen Sie die Karamellkirschen mit Orangensaft und Portwein ab, etwa halbe-halbe, zusammen so viel, dass die Kirschen knapp darin schwimmen. Alles etwas einköcheln lassen.
- Wenn die Kirschen weich geworden sind, eine Zimtstange zugeben und das Mark, das Sie aus einer halbierten Vanillestange ausgekratzt haben. Noch einmal 3–4 Minuten köcheln.
- Abgeschmeckt wird mit etwas Limonensaft und einem Spritzer Kirschschnaps. Gehobelte und kurz geröstete Mandeln runden das Ganze ab.

***LC:*** Kann ich das auch mit Sauerkirschen machen?

***MS:*** Dann bekommen Sie noch eine fein-säuerliche Note dazu. Wenn Sie die Sauerkirschen zusätzlich etwas pfeffern, passen sie auch hervorragend zu Wildgerichten.

## Mitternachtssuppe für Halloween:
# KÜRBIS

***Leonore Capell:*** Ein Kürbisgespenstergesicht, aus dessen Augen es dämonisch leuchtet – für mich gehört es unbedingt zu Halloween. Aber was mache ich mit dem vielen Kürbisfleisch, Manfred? Die Kerne kann ich ja geröstet essen …

***Manfred Stocker:*** Nein, nicht die der Normalkürbisse. Die Kerne, die so gut als Knabberzeug schmecken, stammen von einer Spezialsorte, die in erster Linie in der Steiermark angebaut und meistens zu feinem Kürbiskernöl verarbeitet wird. Ich verwende auch für eine Suppe kein Fleisch von Normalkürbissen. Es schmeckt mir zu langweilig, die Konsistenz ist nicht angenehm.

*Nur zum Kochen, aber nicht als Gespenstergesicht geeignet: der Muskatkürbis.*

***LC:*** Soll ich das ganze Fleisch einfach wegwerfen?

***MS:*** Wenn Sie Ihre Freunde oder Ihren Partner an Halloween mit einem feinen Gourmetaroma überraschen wollen, kaufen Sie besser einen Muskatkürbis, das ist die edelste Sorte mit hocharomatischem Fleisch in schönem Gelb. Daraus machen Sie dann für den Mitternachtsimbiss eine Samtsuppe.

***LC:*** Was soll das denn heißen?

***MS:*** Samtsuppen nennen wir Köche Gemüsesuppen, die kurz vor dem Servieren mit geschlagener Sahne aufgemixt werden. Weil sie dann eine richtig »samtige« Konsistenz erhalten. Das geht ganz ohne Tricks und Mühe.

- Schälen Sie den Muskatkürbis (circa 700 g für 4 Personen) und schneiden Sie das Fleisch in kleine Stücke. Raspeln geht auch.
- Schwitzen Sie 3 geschälte und klein gewürfelte Schalotten in etwas Olivenöl in einem großen Topf an, geben Sie die Kürbisstücke dazu und lassen Sie sie heiß werden, ohne dass sie die Farbe verändern. Füllen Sie mit 1 l Gemüsefond oder Geflügelbrühe auf und geben Sie einen Schuss Sahne dazu.
- Würzen Sie mit Salz, Cayennepfeffer und etwas Muskat und lassen Sie alles circa 20 Minuten kochen. Dann kommt die Suppe in den Mixer und wird püriert. Keinen Mixer zu Hause? Kürbissuppe durch ein Sieb streichen.
- Zum Schluss ziehen Sie etwas steif geschlagene Sahne unter die pürierte Suppe und mixen sie mit dem Stabmixer (oder dem Schneebesen) »samtig«. In Teller füllen, ein paar geröstete Kürbiskerne drüberstreuen und mit dem dunkelgrünen Kürbiskernöl einen Kringel auf die gelbe Oberfläche malen. Fertig ist die Halloweensuppe.

**Extratipp:** Wer doch das Fleisch eines Normalkürbis verarbeiten möchte, kocht die Suppe so wie beschrieben, gibt aber zu den Schalotten 1 Knoblauchzehe, zum Gemüsefond statt Sahne $1/8$ l Weißwein und würzt außerdem mit Cayennepfeffer, Kümmelpulver und zerdrücktem Knoblauch. Die geschlagene Sahne wird vor dem Einrühren in die Suppe mit $1/4$ l Crème fraîche gemischt. Dann schmeckt's auch. Noch ein Stückchen feiner – und sättigender – wird die Kürbis-Samtsuppe mit einer Einlage von geräucherten Wachtelbrüstchen.

### Wachtelbrüstchen-Räucherrezept:

Sie brauchen etwas Räuchermehl und einen Räucherofen. Beides bekommt man in einem Geschäft für Anglerbedarf. Die Anschaffung des Öfchens lohnt sich, wenn Sie Rauchgeschmack auch bei anderen Fleischsorten oder feinem Fisch wie zum Beispiel Saibling, Forelle oder Lachs mögen.

Legen Sie den Ofen mit Folie aus, streuen Sie 1–2 Esslöffel Räuchermehl hinein und erhitzen Sie ihn auf der Herdplatte. Salzen und pfeffern Sie für 4 Personen 4 große Wachtelbrüstchen – gibt's bei Wild- und Geflügelhändlern – und räuchern Sie diese auf dem Rost bei geschlossenem Deckel circa 12 Minuten. Schneiden Sie das Fleisch in feine Streifen, verteilen Sie es auf 4 Teller und gießen Sie die Samtsuppe darüber.
Statt Wachtelbrüstchenstreifen passen zur Kürbissuppe auch gebratene Jakobsmuscheln, Garnelen- oder Hummerfleisch, Kalbsbries oder Ravioli mit feiner Füllung als Einlage.

**Extratipp:** Wenn Sie ohne Räucherofen räuchern wollen, nehmen Sie einen alten Topf, legen ihn mit Alufolie aus, streuen das Räuchermehl darauf und legen einen Rost darüber.

### Schlagsahnetricks:

- Schlagen Sie Sahne kalt, frisch aus dem Kühlschrank. Dann geht's am schnellsten.
- Schlagen Sie Sahne nicht zu lange. Ziemlich plötzlich kommt ein Moment, wo übersteif geschlagene Sahne sich plötzlich zu Butterklümpchen zusammenballt. Dann heißt es weiterschlagen und sie wie Butter verwenden. Der richtige Moment zum Aufhören? Wenn die Sahne steif genug ist, um sie auf einem Wiener »Fiaker« zu servieren – als Häubchen auf starkem Kaffee.
- Rühren Sie geschlagene Sahne für Samtsuppen schnell, am besten mit dem Rührstab, in die heiße Suppe ein. Sie darf nicht mehr kochen, sonst schmilzt die Sahne. Ist die Suppe nur noch heiß, bleibt die geschlagene Sahne schön schaumig.

## Matrosenessen für Gourmets:

# LABSKAUS

***Leonore Capell:*** Die Weißwurstgrenze an Main und Donau ist ja bekannt. Ich behaupte: Es gibt auch eine Labskausgrenze. Irgendwo südlich von Hannover. Ab da wird dieses Matrosengericht nicht mehr gegessen. Zu Recht, Manfred?

***Manfred Stocker:*** Labskaus bekamen Seeleute auf langen Reisen zu essen. Er besteht in erster Linie aus gepökeltem, also eingesalzenem Fleisch, weil sich das am längsten hielt. Als »Gericht für handfeste Kerle« – das bedeutet der Name »Labskaus« angeblich – musste er natürlich fett und schwer sein, damit sie schnell satt wurden. Leicht und locker gemacht, gehört Labskaus aber zu meinen Lieblingsgerichten. Besonders weil er viel weniger Arbeit macht, als die meisten Menschen jenseits der Labskausgrenze glauben. Für 4–6 Personen – für weniger lohnt sich's nicht richtig – brauchen Sie

- circa 750 g gepökelte Ochsenbrust oder Rinderpökelzunge. Die bekommen Sie auf Vorbestellung von Ihrem Metzger. Sie wird in kochendem Salzwasser zusammen mit Pfeffer, Senfkörnern (circa 1 Teelöffel) und 2 Lorbeerblättern circa 3 Stunden lang gar geköchelt. Ist das Fleisch kalt geworden, wird es durch den Fleischwolf (mittlere Scheibe) gedreht.
- Schälen Sie mehlig kochende Kartoffeln (etwas mehr als die Hälfte der Fleischmenge), die in Salzwasser weich gekocht wurden. Zerstampfen Sie die Kartoffeln noch warm, dann geht's leichter.

*Labskaus à la Manfred schmeckt auch südlich der Elbe – leicht, locker und gar nicht nach schwerer Arbeit auf dem Schiff.*

- Kochen Sie 4 Rote-Bete-Knollen (circa 300 g) weich; die werden kalt abgeschreckt, gehäutet und mit 3 großen Gewürzgurken ebenfalls durch den Fleischwolf (mittlere Scheibe) gedreht. Bewahren Sie das rote Kochwasser auf, es dient als schöner Sud.
- Rösten Sie jetzt eine geschälte und gewürfelte Zwiebel mit circa 100 g Schmalz in einem breiten Topf an, fügen Sie das durchgedrehte Fleisch, die Rote-Bete-Gurken-Mischung plus Rote-Bete-Sud oder Fleischfond zu, bis die Labskausmasse halb bedeckt ist. Lassen Sie alles kochen – Vorsicht! Immer wieder umrühren, sonst brennt's an –, bis ein fester Brei entsteht. Dann muss nur noch mit Salz, Pfeffer und etwas mittelscharfem Senf abgeschmeckt werden.
- Zum klassischen Labskaus gehören als Beilage 1 Gewürzgurke pro Portion, hübsch zum

Fächer geschnitten, 1 Bismarckhering oder 1 Matjesfilet, 1 Spiegelei und Rote Bete in Scheiben. **Mein Tipp:** Servieren Sie die Rote Bete in einem kleinen Schälchen extra, sonst färben sie Ei, Fisch und Gewürzgurken hässlich ein.

***LC:*** Meine norddeutschen Freunde behaupten, der Hering muss auch durch den Fleischwolf gedreht und unter das Fleisch gemischt werden …

***MS:*** Da scheiden sich die Geister. Jeder Schiffskoch hatte früher sein eigenes Labskausrezept. Mir schmeckt es besser, wenn der Hering separat serviert wird.

***LC:*** Was empfehlen Sie als Getränk zu Labskaus, Manfred?

***MS:*** Mir schmeckt am besten ein herbes Pils. Das haben wahrscheinlich auch die Seeleute am liebsten dazu getrunken. Wenn es Wein sein soll, dann muss er ein kräftiges Aroma, also reichlich Säure haben, um sich gegen den Labskausgeschmack durchzusetzen. Ein herber weißer Landwein könnte gut dazu schmecken …

**Mal mit Teig, mal mit Kohlrabi:**

# LASAGNE

***Leonore Capell:*** Für mich ist Lasagne kein Thema mehr. Beim Italiener zu fett und zu schwer, zu Hause zu aufwendig zu kochen. Manfred, können Sie mir wieder Lust drauf machen?

***Manfred Stocker:*** Verwöhnen Sie sich mit einer **Saibling-Lasagne** oder mit einer **Kohlrabi-Lasagne**.

Für die Lasagne mit feinem Fisch – statt Saibling kann es auch Steinbutt sein, Lachs oder Wolfsbarsch – nehmen Sie am besten Teigblätter, die es fertig zu kaufen gibt.

- Kochen Sie diese Teigblätter nach den Packungsangaben und stechen Sie sie rund aus. Das Auge isst schließlich mit, und in Rund erinnert die Lasagne nicht mehr an die fetten Gräßlichkeiten, die man in manchen Restaurants bekommt.
- Schneiden Sie die Fischfilets in dünne Scheiben und braten Sie diese in einer mittelheißen Pfanne in etwas Butterschmalz ganz kurz an, höchstens 1 Minute.
- Blanchieren Sie Blattspinat (wie's geht, siehe GELATINE), schmecken Sie ihn mit Salz und Pfeffer ab.
- Braten Sie ein paar Pilze wie Shiitake oder Austernpilz, ebenfalls fein aufgeschnitten, auch kurz an, circa 4 Minuten.
- Belegen Sie den ersten Lasagneteig mit Saibling und etwas Blattspinat, den darüber gelegten mit Pilzen, den dritten wieder mit Fisch und Spinat. Ganz obendrauf kommen Spinat und etwas abgehobelter Parmesan.

***LC:*** Ich weiß! Ab in den Ofen damit. Zum Gratinieren.

***MS:*** Diesmal nicht. Wenn Sie Fisch, Pilze und Spinat noch heiß auf die frisch gekochten, heißen Teigplatten gelegt haben, können Sie die Lasagne jetzt sofort servieren.

***LC:*** Und wie macht man so etwas mit Kohlrabi?

***MS:*** Ganz ähnlich! Schneiden Sie geschälten Kohlrabi sehr dünn, am besten auf der Brotschneidemaschine. Blanchieren Sie die Scheiben circa 2 Minuten in kochendem Salzwasser und schrecken Sie sie kurz in eiskaltem Wasser ab. Dann müssen die Kohlrabischeiben nur noch gewürzt, mit Fisch, Spinat und Pilzen aufeinander geschichtet, etwa 12 Minuten bei 180 Grad im Ofen heiß gemacht und mit Genuss verspeist werden.

*So wird Lasagne zum Gourmetgericht – mit hauchdünnen Kohlrabischeiben statt dicken Teigblättern.*

**Mit Balsamico groß im Trend:**

# LINSEN

***Leonore Capell:*** Wenn ich Linsen sehe, muss ich immer an Aschenputtel denken, der die Tauben beim Sortieren halfen. Die Guten ins Töpfchen, die Schlechten ins Kröpfchen. Was heißt hier eigentlich »gut« und »schlecht«?

***Manfred Stocker:*** Früher waren oft angefaulte Linsen in einem Sack. Heute achten die Abfüller auf einwandfreie Ware …

***LC:*** Also keine Aschenputtelarbeit mehr. Aber muss man sie nicht über Nacht einweichen, wenn man am nächsten Tag Linsen essen will?

***MS:*** Nur die großen. Kaufen Sie so genannte Mini- oder Champagnerlinsen. Die sind so klein und fein, dass man sie gleich kochen kann – am besten als **Balsamico-Linsen**:

- Für 2 Personen schwitzen Sie 1 fein geschnittene Schalotte in etwas ausgelassenem Speck oder 1 Esslöffel heißem Olivenöl an.
- Geben Sie circa 50 g Parmaschinken (2 bis 3 Scheiben in Streifen) dazu, etwas Sardellenpaste, 1/2 Esslöffel fein geschnittene Kapern und 1 kleinen Teelöffel Tomatenmark.
- Löschen Sie alles mit 1 Schuss Weißwein (circa 1 Esslöffel voll) und 1 guten Schuss Gemüsefond (circa 1/10 l) ab. Dann geben Sie circa 125 g grüne Champagnerlinsen zu. Das sieht nach sehr wenig aus, aber durch Kochen vergrößert sich ihr Volumen.
- Lassen Sie alles circa 25 Minuten bei schwacher Hitze köcheln, bis die Linsen weich sind, aber noch etwas Biss haben. Gießen Sie noch einen Schuss Geflügelfond dazu, wenn die Linsen alle Flüssigkeit »aufzufressen« drohen. Zwischendurch können Sie noch einen Zweig Thymian zugeben.

- ▶ Direkt vor dem Anrichten mischen Sie die Linsen mit circa 2 Esslöffel gutem Balsamico-Essig. Dazu passt gebratener Fisch, der mit etwas Thymian bestreut wurde, aber auch Wild.

## Balsamico – der berühmteste Essig der Welt

Das Original kommt aus der italienischen Stadt Modena und ist am Flaschenetikett zu erkennen. Es trägt die Aufschrift »Aceto Balsamico Originale di Modena«. Der Vorteil gegenüber industriell hergestellten Balsamico-Angeboten, die übrigens heute recht gut sind: Der Essig aus Modena darf nur aus dem eingekochten Most von süßen italienischen Weißweintrauben hergestellt werden. Durch seine zum Teil jahrzehntelang dauernde Reife in wechselnden Holzfässern aus Eiche, Kastanie, Kirsche, Esche und Maulbeerbaum bekommt er ein unvergleichlich gutes süß-saures Aroma. Alter Balsamico schmeckt sogar als Aperitif! Pur! Zum Würzen von Saucen und Fonds oder zum Beispiel für Leber-Tapas ist jüngerer Aceto Balsamico Originale aus Modena ausreichend.

*In welcher Farbe auch immer – Minilinsen müssen nicht eingeweicht werden!*

**Für Lammrücken wie Dorsch-»Mops«:**

# MARINIEREN

***Leonore Capell:*** Ich hab in einem schlauen Buch nachgeschaut: Marinieren ist »das Einlegen verschiedener Lebensmittel zur Geschmacksverstärkung, Geschmacksveränderung oder Konservierung«. Manfred, wozu braucht man das heute noch?

***Manfred Stocker:*** Das Konservieren ist heute nicht mehr wichtig, obwohl Öl für Fleisch und Essig oder Wein für Fisch natürlich noch immer den Befall mit Fäulniskeimen verhindern. Da ich aber den Geschmack von Fleisch, Fisch und Gemüse durch Marinieren individualisieren kann, verwende ich diese Küchentechnik sehr oft. Außerdem verändert eine Marinade die Konsistenz; sie macht Fleisch zarter, Gemüse weicher und rohen Fisch bekömmlicher.

***LS:*** Wie viele Marinaden gibt es eigentlich?

***MS:*** Wenn Sie die unterschiedlichen Aromarichtungen aufzählen wollen, die jeder Koch benutzt – hunderte. Es reicht aber, wenn Sie zwei kennen: mit Öl und Gewürzen, zum Beispiel für einen **marinierten Lammrücken**, und die mit Essig, zum Beispiel für einen **Dorsch-Rollmops (Marinade für Blaukraut siehe ROTKOHL)**.

▶ Für den Lammrücken legen Sie das Fleisch in eine Schüssel und streuen die typischen Gewürze drüber – etwas geschälten und gewürfelten Knoblauch, Mittelmeergewürze wie Thymian und Rosmarin und deutsche Gewürze wie Lorbeerblätter, Wacholder und Pfefferkörner. Sie »beißen« sich nicht, sondern verbinden im Öl ihre Aromen.

▶ Gießen Sie Öl darüber, bis der Lammrücken bedeckt ist. Ganz normales Pflanzenöl. In dem kann das Fleisch, abgedeckt mit einer Klarsichtfolie, bis zu eine Woche lang lagern und die Aromen annehmen. Vorm Anbraten muss es dann nur gut abgetrocknet werden.

Für die Rollmopsmarinade mit Essig statt mit Öl gibt es ein paar Tricks.
**Trick Nr. 1:** Dorsch statt Hering – weil sein Filet edler und eleganter wirkt.

***LC:*** Was ist Dorsch für ein Fisch?
***MS:*** Einer aus dem Salzwasser, und zwar speziell aus der Ostsee. Kommt er aus dem Atlantik, nennt man den gleichen Fisch Kabeljau oder Stock- beziehungsweise Klippfisch, wenn er an der frischen Luft getrocknet und damit für Jahre haltbar gemacht wurde.

**Trick Nr. 2:** Alle Zutaten einmal aufkochen lassen – für die Fischmarinade brauchen Sie normalen Weißweinessig, etwa ebenso viel Wasser, Salz, Zwiebelstücke und ähnliche Gewürze wie für den Lammrücken (abgesehen von den Mittelmeerkräutern), 1 Lorbeerblatt etwa, Pfefferkörner, vielleicht 1 Nelke. Auf jeden Fall Salz. Alles zusammen lassen Sie einmal aufkochen, damit sich die Aromen aus den Würzzutaten lösen und mit dem Essig verbinden. Geben Sie die Marinade erst dann über den Fisch, wenn sie ziemlich weit abgekühlt ist.
**Trick Nr. 3:** Dorschfilet als Rollmopsmantel – wickeln Sie ein Stückchen Zwiebel und eine kleine Gewürzgurke in das rohe, entgrätete (Restgräten lassen sich am leichtesten mit einer Pinzette entfernen) und dünn geschnittene Dorschfilet. Salzen Sie den Fisch und »schließen« Sie den Dorsch-»Mops« mit einem Zahnstocher. Übergießen Sie ihn mit der abgekühlten Marinade und lassen Sie ihn 3 Tage im Kühlschrank ziehen. Es macht aber nichts, wenn Sie ihn für zwei Wochen vergessen. Das ist der Vorteil, wenn der ganze Rollmops mariniert wird, statt nur das Dorschfilet: Die Aromen von Fisch, Zwiebel und Gewürzgurke passen sich aneinander an.

**Karamellisiert, gepfeffert und gesalzen:**

# MARONEN

***Leonore Capell:*** Auf Weihnachtsmärkten komme ich an keinem Stand vorbei, an dem Maronen, also Esskastanien, verkauft werden. Sie schmecken nicht nur lecker, sondern sind gute Handwärmer.

***Manfred Stocker:*** … aber man kann sie auch zu Hause machen. Sie müssen allerdings jede Kastanie an der Spitze einschneiden, kreuzweise am besten. Sonst platzen sie beim Braten im Backofen mit ziemlicher Wucht auf. Die kleinen Naturbomben haben so viel Kraft, dass sie neben einer großen Schweinerei auch ziemlichen Schaden anrichten können. Angeschnitten kommen sie einfach auf ein Backblech und für circa 1/2 Stunde in den 180–200 Grad heißen Ofen. Dann ist das Fleisch weich und schmeckt nussig-süß. Dunkelbraune Schale plus hellbraun-pelzige Innenhaut können leicht entfernt werden.

***LC:*** Was mache ich dann mit den Maronen? Einfach so essen wie auf dem Markt?

***MS:*** Mit etwas Milch gekocht und zu einem feinen **Maronenpüree** verarbeitet, schmecken sie zu Wild oder dienen als Grundmasse für ein Parfait, also ein halbgefrorenes Dessert. In Österreich werden Maronen auch mit einer Messerspitze kalter Butter gegessen. Ich mag sie am liebsten als **glacierte Karamellmaronen**:

- Lassen Sie in einer heißen Pfanne Zucker schmelzen. Geben Sie geschälte Maronen dazu und schwenken Sie sie im Karamell kurz durch, bis sie von allen Seiten gezuckert sind (Tricks zum Karamellisieren siehe KIRSCHEN).
- Salzen Sie die Kastanien und pfeffern Sie sie auch etwas.

***LC:*** Dass Salz auch für Süßes ein Geschmacksverstärker ist, habe ich schon von Ihnen gelernt, Manfred. Aber Pfeffer auf karamellisierte Maronen?

***MS:*** Er gibt den Maronen Raffinesse, genau wie zum Beispiel frischer Ananas. Gepfeffert sind die karamellisierten Kastanien eine perfekte Beilage zu Wildgerichten und Wildgeflügel.

***LC:*** Wie lange kann ich Maronen aufheben?

***MS:*** Trotz ihrer dicken Schale viel kürzer als Nüsse. Im Gemüsefach des Kühlschranks halten sie sich etwa 4 Wochen. Bei Zimmertemperatur trocknen sie schnell aus und werden steinhart. Deshalb gibt es sie ja auch nur im Herbst und im frühen Winter, also zwischen Anfang Oktober und Ende Dezember.

**Frühlingsfisch auf feine Art:**

# MATJES

***Leonore Capell:*** Jede Region hat ihre Spezialität. Was dem Süden die Weißwurst, ist im Norden der Matjes. Ich kenne ihn nur »auf Hausfrauenart« mit Zwiebelringen und Apfelstücken in Sahne, aber ich bin keine Hausfrau. Auf Schauspielerinnenart? Das kann ich leider nicht anbieten. Was gibt's denn sonst für Matjesmöglichkeiten, Manfred?

***Manfred Stocker:*** Da gibt es noch den norddeutschen Klassiker »Matjes mit Pellkartoffeln und Speckstippe«, aber weil der reichlich Fett hat, schlage ich **Matjestatar auf Rösti** vor.

***LC:*** Gern, aber erst einmal – was ist Matjes eigentlich für ein Fisch?

***MS:*** Es ist das Filet eines Herings, der vor der Geschlechtsreife gefangen wurde, also ganz besonders zart ist. Seine Filets werden nur durch Salz haltbar gemacht.

***LC:*** Und wie esse ich den normalerweise?

***MS:*** In der Matjeshochburg Holland nimmt man ihn einfach am Schwanzende, hebt ihn hoch und lässt ihn sich langsam in den Mund gleiten. Ich finde: Tatar isst sich einfacher. Für ihn müssen Sie

- das Filet in kleine Würfelchen schneiden;
- dann kommen Apfel, Zwiebeln, Gewürzgurken und frische Gurke, alles ebenfalls in kleinen Würfelchen, dazu. Plus etwas klein geschnittener Schnittlauch und Dill. Auch Rote Bete passen gut.
- Das wird gut gemischt und schmeckt zum Beispiel auf dünn gebuttertem Schwarzbrot her-

vorragend. Ich serviere es noch lieber auf Kartoffelrösti, die mit einem Plätzchenausstecher in Kreisform gebracht wurden. Zum Servieren kommt auf das Matjestatar ein Klecks Schmand, Crème fraîche oder saure Sahne.

### Röstirezept

- Mehlig kochende Kartoffeln bissfest, also nur halbgar, kochen und schälen (für 2 Personen 2 große), erkalten lassen und auf einer groben Reibe reiben.
- Zwiebeln klein schneiden und mit den Kartoffeln gut vermengen. Die Masse salzen.
- Butterschmalz in einer Pfanne erhitzen und unter oftmaligem Wenden kleine knusprige Rösti backen. Zum Schluss mit Petersilie bestreuen.
- Für den Matjestatar die Rösti rund ausstechen – wenn Sie keine Backförmchen haben, mit dem Rand eines Glases oder einer kleinen Tasse.

*Auf Rösti sieht Matjes, klein gewürfelt und raffiniert gewürzt, richtig »gourmetmäßig« aus. Und schmeckt auch so.*

## Die edelste aller Salatsaucen:

# MAYONNAISE

***Leonore Capell:*** Es gibt Sachen, bei denen bin ich nie auf die Idee gekommen, dass ich sie selbst machen könnte, Mayonnaise zum Beispiel. Die kaufe ich im Supermarkt. Was haben Sie dagegen, Manfred?

***Manfred Stocker:*** Dass selbst gemachte Mayonnaise einfach viel besser schmeckt als industriell hergestellte, denn die enthält ja eine Vielzahl an chemischen Zutaten. Stabilisatoren, Emulgatoren, Natriumglutamat als Geschmacksverstärker, künstliche Farb- und Aromastoffe. Wenn Sie das alles nicht wollen, den Geschmack und besonders den Fettgehalt selbst festlegen möchten, dann müssen Sie Ihre Mayonnaise schon selbst machen. Es lohnt sich und geht einfacher, als die meisten Kochlaien glauben.

**Trick Nr. 1:** Die Temperatur der Zutaten – die Eier, die Sie brauchen, und das Öl sollten Zimmertemperatur haben. Wenn die Eigelb kühlschrankkalt sind und das Öl warm, gerinnt die Mayonnaise leicht.

**Trick Nr. 2:** Pflanzenöl gaaanz langsam dazu – verrühren Sie für 2 Portionen 3–4 Eigelb erst mit 1 Teelöffel mittelscharfem Senf. Ich nehme meist den feinen Dijon-Senf aus Frankreich und 1 Schuss Essig. Geben Sie dann langsam und in sehr dünnem Strahl Öl zu. Dabei immer weiterrühren, aber nicht sehr schnell. Je gründlicher sich das Öl mit dem Eigelb verbindet, umso besser hält die Mayonnaise zusammen. Sobald die Sauce erste Bindung bekommt, können Sie das Öl schneller zugeben und schneller rühren.

**Trick Nr. 3:** Wenig Öl und etwas Joghurt - geben Sie nur so lange Öl zu den Eiern, bis die Sauce eine fast feste Konsistenz hat, eine, die Ihnen gefällt. Dann mischen Sie etwas Joghurt darunter. Das spart Fett. Zum Schluss wird mit Salz, Pfeffer und fein geschnittener Petersilie abgeschmeckt.

***LC:*** Und wenn die Mayonnaise trotzdem gerinnt?
***MS:*** Dann haben Sie zu viel Öl zu schnell dazugegeben. Das Eigelb konnte sich nicht damit verbinden. Wenden Sie

**Trick Nr. 4 an:** Ein paar Tropfen heißes Wasser unter die Mayonnaise gerührt, stellt die Bindung wieder her. Und wenn die Sauce dann immer noch nicht glatt ist - noch mal etwas Wasser, weiterrühren und weiter Öl zugeben, bis Sie die Konsistenz haben, die Sie von einer Mayonnaise erwarten. Das klappt garantiert!

**Mayonnaisenvarianten:**

**Remouladensauce** ist eine Mayonnaise, unter die zusätzlich Kräuter gemischt werden und winzige Würfelchen von Gewürzgurken, Sardellenfilets, Zwiebeln und Kapern. Remouladensauce schmeckt kräftiger als die Grundmayonnaise, passt deshalb besonders gut zum Beispiel zu kaltem Braten, rohem Gemüse, hart gekochten Eiern.

**Aioli**, die französische Knoblauchmayonnaise, wird natürlich mit Olivenöl gemacht und enthält reichlich zerdrückten Knoblauch neben etwas eingeweichtem Weißbrot, um sie zu verdicken. In Marseille gehört Aioli unbedingt zur Bouillabaisse - auf angeröstete Baguettescheiben gestrichen, die mit der Fischsuppe übergossen werden.

**La Rouie**, die Rote, ist eine heftige Verschärfung von Aioli. In der etwas sanfteren Variante kommt nur kurz in heißem Wasser eingeweichter Safran dazu, für die superscharfe rotes Chilipulver.

**Sommerfrisch und eiskalt:**

# MILCH-SHAKES

***Leonore Capell:*** Ich liebe Obst in jeder Form, aber an heißen Sommertagen esse ich es am liebsten flüssig und eiskalt. Manfred, gibt es dafür besondere Tricks?

***Manfred Stocker:*** Natürlich. Hier sind sie für den klassischen **Erdbeer-Shake** und einen **Mango-Kokos-Shake**:

**Trick Nr. 1:** Die Mischung der Milchsorten – zum Mixen der Erdbeeren nehme ich zum Beispiel frische Milch und mische sie mit etwas Joghurt. Sein säuerliches Aroma passt gut zu den Beeren. Zur Mango kommt stattdessen Buttermilch.

**Trick Nr. 2:** Das schöne Rot – um die Farbe des Erdbeer-Shakes zu verbessern, die Mischung tendiert ja zum Violetten, gebe ich einen Schuss dunkelrote Grenadine dazu.

**Trick Nr. 3:** Zucker sparen – der Verzicht auf seine Kohlenhydrate ist zurzeit ja für alle, die schlank bleiben wollen, sehr trendy. Weder für den Erdbeer- noch für den exotischen Shake ist Zucker nötig. Die Beeren und Früchte sind süß genug.

**Trick Nr. 4:** Kokosmilchsirup als Würze – die geschälte und klein geschnittene Mango (einfach um den dicken Kern herumschneiden!) wird mit Buttermilch püriert. Ein Schuss Kokosmilchsirup (gibt's heute in den meisten Supermärkten, auf jeden Fall im Asia- oder Feinkostgeschäft) gibt dem Shake das besondere Aroma.

**Trick Nr. 5:** Eiswürfel mitmixen – dazu brauchen Sie einen kräftigen Mixer, aber in ihm mitgemixt, kühlen die Eiswürfel jeden Shake sofort auf die richtige Anti-Hitze-Temperatur.

*Ganz ohne Zucker mixt der hamburgisch-österreichische Küchenmeister Manfred Stocker die Milch-Shakes. Weil Leonore Capell, seine Partnerin in der NDR-TV-Serie »DAS! merk' ich mir«, ja schlank bleiben will.*

STOCKER
STOCKER

**Eingelegtes macht Furore:**

# MIXED PICKLES

***Leonore Capell:*** »Einwecken« klingt für mich nach verstaubtem, dunklem Keller. »Einlegen«, wie Sie sagen, Manfred, ist auch nicht viel besser. Muss ich das können?

***Manfred Stocker:*** Müssen nicht, aber was halten Sie von Mixed Pickles? Auf Englisch sind »pickles« nur saure Gurken, aber beim »mixed« kommt anderes Gemüse dazu, und das kann man selbst raffinierter machen als alles fertig Gekaufte. Außerdem ist so ein Glas mit Mixed Pickles ein schönes Gastgeschenk.

***LC:*** Welches Gemüse nehm ich dazu?

***MS:*** Was Ihnen schmeckt und was gerade frisch zu kaufen ist. Tomaten, Auberginen, Fenchel, Pilze, Oliven, Paprika, kleine, frische Perlzwiebelchen, Zucchini.

**Trick Nr. 1:** Babygemüse – das gibt es in guten Gemüsegeschäften im Sommer überall zu kaufen und sieht besonders hübsch aus, weil man die Früchte ganz lassen kann und nicht klein schneiden muss. Es ist zwar – in Gramm pro Euro umgerechnet – teurer als seine normalen Verwandten, aber meist hat es auch ein intensiveres Aroma. Sie merken das am schnellsten beim Vergleich von Normal- und Cocktailtomaten. Wichtig: Nur Gemüse ohne braune Stellen nehmen, sonst hält sich der Glasinhalt nicht die üblichen zwei Monate, sondern höchstens zwei Wochen.

**Trick Nr. 2:** Muskatblüten für den Sud – die Grundlage ist Wasser, genug, damit alle Gemüse, die Sie einlegen wollen, sehr knapp damit bedeckt sind. Dazu kommt 1 großzügiger Schuss Wein- oder Obstessig, der nicht mehr als 8 Prozent Säure haben sollte (steht auf der Flasche). Etwas

salzen und 1 Prise Zucker dazugeben, 1 Lorbeerblatt, einige Pfefferkörner, 1 Teelöffel voll Senfkörner und unbedingt einige Muskatblüten, weil die einen eleganteren Geschmack haben als abgeriebener Muskat. Das alles muss einmal richtig aufkochen. Dann erst kommen die Gemüse in den Sud – dazu Knoblauch und frischer Thymian –, und alles kocht 3 Minuten.
**Trick Nr.3:** Richtig einlegen – dafür müssen die Gläser steril gemacht, also sehr heiß ausgespült werden. Wenn man sie zum Einfüllen der Mixed Pickles auf ein warm-feuchtes Tuch stellt, platzen sie nicht. Ich fülle mit einem Sieblöffel erst die Gemüse ein und dann mit dem Sud auf, bis alles bedeckt ist.

**Extra-Einmach-Tipp:** Zum Schluss noch etwas Olivenöl drübergeben. Das schützt die Pickles zusätzlich vor Keimen. Deckel drauf, ein paar Tage ziehen lassen und dann probieren. Eine selbst gemachte Freude!

*Zum »Pickeln« eigenen sich alle Gemüse, die Sie gern sauer essen. Von Auberginen bis Zucchini.*

**Die Perlen der guten Küche:**

# MUSCHELN

***Leonore Capell:*** Stimmt es eigentlich, dass man Muscheln nur in den Monaten mit »r« essen darf, Manfred?

***Manfred Stocker:*** Die Regel wurde eingeführt, als es noch keine guten Kühl- und nur sehr langsame Transportmöglichkeiten gab. Zwischen Mai und August konnten Muschelfischer ihren Fang einfach nicht frisch ins Inland liefern, aber auch heute gilt: Am besten schmecken Muscheln zwischen Herbst und Frühjahr.

***LC:*** Welche Muschelsorten empfehlen Sie für die gute Küche?

***MS:*** Besonders fein sind **Jakobsmuscheln gebraten**. Die schmecken am besten, wenn das Fleisch in mundgerechte Würfel geschnitten und von 2 Seiten nur 3 Sekunden in etwas Butter angebraten wird. Eine ebenso gute Variante für ihre Verwendung: **Jakobsmuschel-Carpaccio**. Hauchfein schneiden (dazu vorher kurz in den Froster stellen, damit sie härter werden und sich leichter schneiden lassen) und mit Fisch als Carpaccio servieren, in einer leichten Essig-Öl-Marinade (Rezept siehe MARINADEN).

Die kleinen **Vongole** passen wie die etwas größeren und sehr aromatischen **Herzmuscheln** gut zu Spaghettini (ganz kurz gekocht und nur mit etwas gutem Olivenöl und Mittelmeergewürzen auf die Pasta gegeben). In der Provence saugt man das rohe Fleisch der Vongole aber auch mit einer leichten Knoblauch-Joghurt-Mayonnaise aus den Schalen. Eine schöne Vorspeise! Bei uns bekommt man im Winter aber am leichtesten die etwa daumenlangen schwarzen **Miesmuscheln** aus Nord- und Ostsee.

*Manfreds Lieblingsmuscheln: Mies-, Herz- und Jakobsmuscheln und die feinen, kleinen Vongole.*

***LC:*** Die werden doch meist nur in Wasser mit etwas Wein gekocht, oder? Besonders im Rheinland kriegt man sie im Winter in allen rustikalen Gasthäusern …

***MS:*** So finde ich sie langweilig. Mein Vorschlag heißt deshalb **Miesmuscheln im Fenchel-Safran-Sud**.

- Wässern Sie die Miesmuscheln gründlich, mindestens 1 Stunde. Das gilt übrigens auch für andere Muscheln: in kaltes Wasser legen und immer mal wieder kräftig durchwaschen, damit sie sich leicht öffnen und den Sand abgeben. Alle Muscheln, die nach dem Wässern nicht geschlossen sind, müssen weggeworfen werden. Sie sind tot und möglicherweise giftig.
- Ziehen Sie den Bart mit einem Messer von und aus den Miesmuscheln und schneiden Sie ihn ab. Er ist zu kratzig zum Mitessen.
- Geben Sie etwas Olivenöl in einen schweren Topf, die Muscheln dazu und außerdem geschälte, fein gehackte Schalotten (auf 1 Pfund Muscheln etwa 2 Knollen), 1 geschälte Knoblauchzehe, circa 1/2 Fenchelknolle in Würfeln und 1–2 Zweige Thymian.
- Gießen Sie trockenen Weißwein dazu, bis die Muscheln etwa zur Hälfte bedeckt sind. Das reicht, wenn man 1- bis 2-mal umrührt. Lassen Sie alles – nach einmal Aufkochen mit ein bisschen Salz – circa 1/4 Stunde ziehen. Der Wein und das Wasser, das die Muscheln abgeben, sollen nicht sprudeln.
- Schmecken Sie den Sud mit Salz und Pfeffer ab und lassen Sie 1/4 Teelöffel Safran – das reicht, denn Safran würzt sehr stark – 2–3 Minuten mitziehen.
- Entfernen Sie alle geschlossenen Muscheln. Sie sind genauso verdorben wie die offenen, die Sie nach dem Wässern weggeschmissen haben.

## Folie plus feiner Inhalt:
# OFENKARTOFFEL

***Manfred Stocker:*** Ofen- oder Folienkartoffeln, wie wir Köche sagen, brauchen normalerweise sehr lang, bis sie gar sind, rund 1 Stunde, aber auch für ihre Zubereitung gibt es Tricks.

**Trick Nr. 1:** Zeit sparen durch Vorgaren – kochen Sie große, mehlig kochende Kartoffeln in Salzwasser, bis sie fast gar sind, etwa 20 Minuten. Dann brauchen sie, wenn's sozusagen ernst wird, nur noch für circa 15 Minuten in den Ofen.
**Trick Nr. 2:** Glanzseite nach innen – wickeln Sie die Kartoffeln in Alufolie, so dass die matte Seite nach außen kommt. Die glänzende Innenseite reflektiert die Hitze, die die Kartoffel abstrahlt, verstärkt sie damit und verkürzt so die Ofenzeit. Die Backtemperatur für Folienkartoffeln: 200 Grad.
**Trick Nr. 3:** Anstechen – um festzustellen, ob die Ofenkartoffeln gar sind, stechen Sie sie mit einer geraden Küchengabel an. Spüren Sie, außer von der Folie, keinen Widerstand mehr, können Sie die Folienpäckchen herausnehmen und aufschneiden.
**Trick Nr. 4:** Es muss nicht immer Crème fraîche sein – sie ist die klassisch-amerikanische Beigabe zu Folienkartoffeln, aber noch besser schmecken sie, wenn nicht nur pure Crème in den aufgeschnittenen Spalt kommt. Mischen Sie sie deshalb mit allen Kräutern, die Sie gern mögen oder gerade da haben. Oder füllen Sie die Kartoffel mit Räucherlachs (plus 1 Teelöffel Crème fraîche). Oder mit Krabben in selbst gemachter Mayonnaise. Oder mit Scampi in Aioli (Rezepte siehe MAYONNAISE). Oder mit Tomaten-, Oliven- oder Kräuterpesto (Rezepte siehe PESTO).

**Das absolute Überraschungsdessert:**

# OMELETTE SURPRISE

***Leonore Capell:*** Omelette surprise hab ich schon gegessen. Wunderbar! Von außen sieht es aus wie Salzburger Nockerln, also wie leicht gebräunter Eischneeteig. Aber wenn man sich nach innen vorarbeitet, kommt Eis zum Vorschein. Überbackenes Eis!!! Wie kann so etwas funktionieren, Manfred?

***Manfred Stocker:*** Dafür gibt es ein paar schöne Tricks.

**Trick Nr. 1:** Gekaufter Biskuitboden statt selbst gemachtes Omelett – tränken Sie ihn mit einer Mischung aus Läuterzucker (Rezept siehe RUMKUGELN) und Rum, halbe-halbe. Dann schmeckt der Boden auch nach mehr als nur nach gebackenem Teig. Geben Sie noch ein paar

*Auf den Eischnee kommt es an: Er schützt das im Omelette surprise versteckte Eis während des Backens vor dem Schmelzen.*

Früchte wie zum Beispiel entsteinte und karamellisierte Kirschen auf den Boden (Rezept siehe KIRSCHEN).

**Trick Nr. 2:** Eiweiß aufs Eis – legen Sie Eiskugeln auf den getränkten Biskuitboden, zum Beispiel Vanille-, Erdbeer- oder Walnusseis, was Sie am liebsten essen. Und nun bestreichen Sie alles dick mit geschlagenem und gesüßtem Eiweiß (Eiweißtricks siehe KAISERSCHMARRN). Das feste Eiweißgerüst schützt das Eis im Ofen vorm Schmelzen.

**Trick Nr. 3:** Rechtzeitig vorbereiten – stellen Sie das ungebackene Omelette surprise in den Tiefkühler. Dort hält es sich mehrere Tage. Wenn Gäste kommen, schieben Sie es für 5–8 Minuten bei relativ hoher Oberhitze (200 Grad, keine Unterhitze!) in den Ofen – bis das Eiweiß zumindest oben leicht bräunlich geworden ist.

***LC:*** Und wenn ich das Omelette surprise anschneide, läuft mir das Eis nicht flüssig entgegen?

***MS:*** Versprochen!

**Feines für Frühstück und Dessert:**

# ORANGEN

***Leonore Capell:*** Frühstück »oben ohne«? Also Brötchen ohne Marmelade? Das ist nichts für mich. Am besten schmeckt selbst gemachte, am allerbesten die aus Orangen, aber dazu brauche ich Ihre Hilfe, Manfred …
***Manfred Stocker:*** Gern, aber wie wär's vorher mit einer kurzen Orangenlehrstunde? Damit Sie generell Bescheid wissen? Danach gibt's dann **Orangen-Ingwer-Marmelade** und als Dessertvorschlag **überbackene Orangenfilets mit Mascarpone**.
***LC:*** Was muss ich denn über Orangen noch wissen, außer dass ich möglichst solche mit unbehandelten Schalen kaufen soll, weil die naturnäher sind?
***MS:*** Wann immer in der Küche mit Orangen gearbeitet wird, geht's um zwei Dinge. Mit dem so genannten Zestenreißer in sehr dünnen Streifen abgerissene Orangenschale, weil die so vielen süßen Gerichten und sogar gebratener Ente einen herb-frisch-aromatischen Geschmack gibt, und um Orangenfilets ohne Haut und Kerne.
***LC:*** Ich hab keinen Zestenreißer. Muss ich mir so ein Ding extra kaufen?
***MS:*** Wenn Sie eine Küchenreibe haben, können Sie die Schale auch damit abreiben. Oder mit einem Messer dünn abschälen und in feine Streifen schneiden. Immer ohne die weiße Innenhaut, denn die schmeckt bitter. Lassen Sie uns zuerst Orangenmarmelade machen …
***LC:*** Wie viele Orangen brauche ich für zwei, drei kleine Gläser?
***MS:*** Etwa doppelt so viele, wie Sie nachher an Marmelade haben wollen, also 4 Orangen für 2 kleine Gläser, weil ja die ganze Schale weggeschnit-

ten wird. Bei Erdbeeren, Kirschen oder anderen Früchten entspricht die Frischmenge an Obst plus Saft (geputzt und ohne Kerne) ungefähr der Marmeladenmenge. Die Arbeit lohnt sich aber erst richtig, wenn Sie mehr Orangen auf einmal zu Marmelade verkochen. Wie wär's mit 1,5 Kilo?

- Fangen Sie den Saft auf, der Ihnen beim Schälen und Filetieren über die Finger läuft, und schneiden Sie die Orangenschale (ohne die weiße Innenhaut!) in dünne Streifen.
- Kochen Sie den Orangensaft mit den Schalenstreifen und dem Saft von 2 Limonen mit 1 Sternanis und 400 g Gelierzucker (gibt's in allen guten Supermärkten) einmal auf. Lassen Sie dann alles 10 Minuten köcheln. Schöpfen Sie den Schaum, der sich auf dem Saft bildet, mit einer Schaumkelle ab.
- Schneiden Sie circa 1/4 Ingwerknolle in feine Streifen – Sie brauchen rund 1 Esslöffel voll, denn das leicht scharfe Aroma von Ingwer harmoniert perfekt mit der Säure der Orangen. Geben Sie die Ingwerstreifen zum Zucker-Saft-Gemisch, und lassen Sie alles noch mal aufkochen.
- Machen Sie eine Gelierprobe: Geben Sie ein Löffelchen frisch gekochte Marmelade auf einen Teller. Wird die Masse dickflüssig, ist sie fertig. Erscheint sie Ihnen zu dünn, lassen Sie alles noch etwas einkochen.
- Füllen Sie die Marmelade heiß in die steril gemachten Gläser (einfach einige Minuten in kochendes Wasser stellen, dann circa 1/4 Stunde auf einem Tuch auskühlen lassen).
- Geben Sie einen Schuss Orangenschnaps oder -likör obendrauf. Ihr Alkohol tötet Schimmelpilze und andere Keime. Zünden Sie den Schnaps an und verschließen Sie das Glas schnell über den Flammen. Dann verbrennt der Sauerstoff, es entsteht eine Art Vakuum, und die Marmelade hält sich verschlossen mehrere Wochen.

**Extratipp:** Eine besonders interessante Note erhält die Orangen-Ingwer-Marmelade, wenn Sie kurz vor dem Abfüllen fein geschnittenes Basilikum unterrühren.

**LC:** Und was ist nun mit meinem Dessert aus Orangenfilets mit Mascarpone?
**MS:** Das kommt jetzt.

- Verrühren Sie für 2 Personen 2 Eigelb mit 1 knappen Esslöffel Zucker. Geben Sie fein geschnittene Schalenstreifen von 1/2 Orange dazu, einen Schuss Grand Marnier (Orangen-Cognac-Likör) und circa 1/2 Pfund Mascarpone (supersahnigen Doppelrahmfrischkäse aus Italien). Verrühren Sie alles und mischen Sie die Filets von 2 Orangen in die Masse.
- Schlagen Sie 2 Eiweiß richtig schön steif (Tricks dazu siehe KAISERSCHMARRN) und ziehen Sie diese vorsichtig unter. Das gibt dem Dessert seine »Leichtigkeit«.
- Geben Sie das Orangendessert auf ofenfeste Teller und überbacken Sie es circa 10 Minuten bei 250 Grad Oberhitze.

## Preiselbeer-Marmeladen-Rezept

Schnell, einfach und ganz ohne Kochen lässt sich diese Marmelade herstellen: Mischen Sie frische Preiselbeeren (gewaschen und ohne Blätter!) mit 800 g Zucker und dem ausgekratzten Mark 1 Vanilleschote. Dann wird alles in einer Küchenmaschine gerührt (40–50 Minuten auf langsamer Stufe), bis sich der Zucker aufgelöst hat. In ausgekochte Gläser gefüllt und schnell verschlossen, hält sich die Marmelade in Kühlschrank mehrere Wochen. Sie schmeckt perfekt zu Wildgerichten oder auf Pfannkuchen und ist ein schönes Mitbringsel für Freunde.

## Marmelade contra Konfitüre

Das Wort »Marmelade« stammt vom griechischen Melimelon gleich Honigapfel gleich Quitte. In der EU darf es nur auf Etiketten für »Brotaufstrich« aus Zitrusfrüchten, Ananas oder Quitten verwendet werden, weil die Engländer es so benutzen und sich damit in Brüssel durchgesetzt haben. »Konfitüre« ist das beamtendeutsche Wort für »streichfähige Zubereitungen«, die wir Normalmenschen meist Marmelade nennen.

**Als Sauce oder Dip super:**

# PESTO

***Leonore Capell:*** Natürlich weiß ich, was Pesto ist, eine grüne Creme aus Kräutern und Olivenöl. Manfred, warum haben Sie dafür schwarze Oliven bereitgelegt?

***Manfred Stocker:*** Weil **Olivenpesto** eine gute Abwechslung zu den bekannten grünen Pasten ist. Es wird nicht aus den grün geernteten Oliven gemacht, sondern aus voll ausgereiften, und die sind schwarz.

- Geben Sie entkernte schwarze Oliven zusammen mit etwa ebenso viel leicht angerösteten Pinienkernen und geriebenem Parmesan in einen Mixer.
- Gießen Sie gutes Olivenöl, kalt gepresst und erste Ernte, also aus einer Flasche mit dem Aufdruck »extra vergine«, dazu, etwa so viel, wie Sie Olivenmasse haben, und mixen Sie alles kräftig durch.
- Schmecken Sie das Pesto mit Salz und Pfeffer ab. In ein Glas gefüllt und luftdicht verschlossen, am besten mit einer dünnen Schicht Olivenöl obendrauf, hält es sich im Kühlschrank mehrere Wochen.

***LC:*** Und wozu schmeckt das Olivenpesto am besten?

***MS:*** Zu jeder Art von Pasta, in Salatsaucen, zu lauwarmen Fischgerichten und zum Beispiel zu Pulpo, einer Art Tintenfisch (Rezept für Tintenfisch-Salat siehe PULPO).

*Pesto-Machen ist eine Frage der Zutatenphantasie. Das Grundrezept bleibt immer dasselbe.*

### Kräuterpesto-Rezept

- 3 Esslöffel geröstete Pinienkerne, Blättchen von 4 Petersilienzweigen und von 1 Bund Basilikum in einen Mixer geben.
- Je ein kleines Stück Peccorino-Käse (circa 20 g) und ein etwa doppelt so großes vom Parmesan (circa 40 g) zusammen mit kalt gepresstem Olivenöl (circa 125 ml) fein mixen, salzen und pfeffern. Warum die zwei Käsesorten? Weil ihr Geschmack sich zu einem perfekt neuen, noch raffinierteren Aroma verbindet. Noch einfacher zu machen:

### Petersilienpesto-Rezept

Mixen Sie die Blättchen von einem kleinen Bund glatter Petersilie (die hat mehr Aroma als krause) mit 1/4 l Olivenöl, etwas geriebenem Parmesan, Salz, Pfeffer und 1 Spritzer Zitronensaft.

### Tomatenpesto-Rezept

Ersetzen Sie die Kräuter des Kräuterpesto durch 4–5 getrocknete Tomatenstücke (Rezept siehe BRUSCETTA).

### Bärlauch-Pesto

Gehen Sie *nicht* in den Wald, um selbst danach zu suchen. Erstens sieht Bärlauch so ähnlich aus wie die giftigen Blätter von Maiglöckchen, und zweitens ist das raffiniert nach Knoblauch schmeckende Kraut geschützt! Inzwischen gibt es Bärlauch zwischen Ende März und Ende Mai auch in guten Gemüsegeschäften. Für ein Pesto

- entfernen Sie die Stiele, mixen die Blätter mit wenig Salz und etwas Pfeffer im Mixer.
- Geben Sie etwa 1/2-mal so viel Olivenöl dazu, wie Sie Bärlauchmus haben, etwas Zitronensaft sowie ebenso viel handwarme Butter und Öl.
- Alles gut durchmixen und im Eiswürfelbehälter für die Bärlauch-lose Zeit einfrieren. Das Pesto passt zu Nudeln und Salaten. Wie alle Pesti eignet es sich auch als Dip.

**Lauwarm und salatig mariniert:**

# PFIFFERLINGE

***Leonore Capell:*** Es gibt nur einen Pilz, der für mich wirklich pfiffig ist, der Pfifferling natürlich. Aber dazu muss er auch mit Pfiff zubereitet sein. Manfred, haben Sie einen Vorschlag?

***Manfred Stocker:*** Auch wenn der Pfifferling nichts mit »pfiffig« zu tun hat – sein Name leitet sich von Pfeffer her, weil der Pilz einen leichten Pfeffergeschmack hat –, habe ich ein schönes leichtes Sommergericht für Sie: **Pfifferlinge mariniert** mit frischen Lauchzwiebeln.

- Die gesäuberten Pfifferlinge werden in einer sehr heißen Pfanne in sehr heißem Butterschmalz angeschwitzt. Die Hitze muss sein, damit die Pilze kein Wasser verlieren. Dann kochen sie nämlich im eigenen Saft und werden zäh.
- Zu den Pilzen kommen gewürfelte Schalotten, gewürfelte Tomate (ohne Haut und Kerne! Siehe BRUSCETTA) sowie in Ringe geschnittene Lauchzwiebeln. Sie werden kurz durchgeschwenkt (gut umrühren oder die Pfanne hin und her schütteln), bis sie warm sind.
- Nun geben Sie fein geschnittene Petersilie, ein bisschen Olivenöl und etwas Balsamico-Essig dazu.
- Erst ganz zum Schluss werden die Pfifferlinge gepfeffert und dann erst gesalzen, weil das Salz sonst den Saft aus den Pilzen zieht. Marinierte Pfifferlinge, die ich als Österreicher natürlich immer noch »Eierschwammerl« nenne, schmecken lauwarm serviert auf geröstetem Weißbrot oder zum Beispiel als Beilage zu gebratenem Fleisch.

## Pilze einkaufen und lagern

Pfifferlinge und alle anderen Pilze sollten beim Kauf trocken sein. Nasse Pilze vergammeln zu schnell. Gute Pilze können Sie für zwei bis maximal drei Tage ungeputzt im Kühlschrank aufheben – in einer offenen Schale! Unter Folie werden sie schneller matschig.

## Pilze richtig putzen

Pfifferlinge dürfen nicht gewaschen werden. Genauso wenig wie Champignons, Steinpilze, Austernpilze oder Shiitake. Dabei würden sie sich mit Wasser voll saugen (nur Morcheln werden gewässert, siehe das Spitzmorchelrezept bei BRATEN). Stattdessen kratzt man mit einem kleinen Messer den Sand aus den Lamellen, auch wenn sie damit etwas abgeschabt werden. Man kann Erde und Sand auch mit einem Bürstchen entfernen. Bei sehr kleinen Pilzen wird nur das Wurzelende des Stiels abgeschnitten, bei größeren müssen die ganzen Stiele weg, weil sie oft hart sind. Aus ihnen kann dann immer noch ein Pilzfond gekocht werden.

*Unentbehrlich in der Küche: das Gemüsemesser. Mit ihm werden Pfifferlinge, Möhren, Kartoffeln, Zuckerschoten und andere Gemüsebeilagen geputzt und geschält.*

**Tafelspitzsalat für draußen:**

# PICKNICK

***Leonore Capell:*** Wunderschönes Sommerwetter. Also raus aus der Küche und mal wieder im Freien essen. Manfred, haben Sie eine besondere Picknickempfehlung?

***Manfred Stocker:*** Mehrere. 1. Keine Salate mit Mayonnaise, denn die verderben in der Wiesenwärme sehr schnell. 2. Als Getränk selbst gemachten **Eiskaffee** – einfach eine Thermoskanne zu zwei Dritteln mit Vanilleeis voll stopfen, kalten Kaffee drübergießen, fest verschließen und einmal schütteln. Das ist perfekt als Picknickgetränk. Und 3. ein **Tafelspitzsalat**.

***LC:*** Wenn ich nicht in Wien auf der Schauspielschule gewesen wäre, wüsste ich gar nicht, was Tafelspitz ist ...

***MS:*** Deutsche Metzger sagen Kluftschale zu dem Stück Rindfleisch aus der Hüfte, das Österreicher Tafelspitz nennen und mehr als alle anderen Fleischstücke lieben. Es ist besonders feinfaserig und wohlschmeckend.

***LC:*** Wie wird daraus ein Salat?

***MS:*** Das gekochte Tafelspitzfleisch wird in kleine Würfelchen geschnitten. Dazu kommen ein Schuss Essig, etwas Salz und Pfeffer und frisches Gemüse, zum Beispiel gewürfelte Gurken und Tomaten, rote, grüne und gelbe Paprika und rote Gemüsezwiebel in kleinen Würfelchen. Sie geben eine schöne Farbe. Zum Schluss gibt man etwas Kürbiskernöl darüber, mischt einmal, und fertig ist der Salat.

### Tafelspitzrezept für 4 Personen

Wenn der Tafelspitz zum Beispiel mit Apfelkren (frisch geschälter und fein geriebener Meerrettich plus geriebener Apfel) und Grießnockerln serviert wird. Essen nur 2 Personen, bleibt genug Fleisch für den Salat übrig:

- 1 Tafelspitz in kochendes Wasser geben. 2 Möhren, 1/2 Sellerieknolle, 1 Stange Lauch plus etwas Muskat, Pfefferkörner und Lorbeerblätter zugeben und alles köcheln lassen, bis der Tafelspitz weich ist - circa 2 1/2 Stunden.
- Tafelspitz herausnehmen, 1 Stunde ruhen lassen und dann in Scheiben schneiden. Die Brühe für die Grießnockerln durch ein Sieb geben.

### Grießnockerlrezept

- 50 g weiche Butter mit 1 Ei verrühren, 100 g Grieß untermengen. Mit Salz und Muskat würzen.
- Mit zwei Kaffeelöffeln daraus »Nockerl« formen und diese in kochendem Salzwasser abgedeckt 10 Minuten zugedeckt kochen, dann neben dem Herd weitere 10 Minuten ziehen lassen.
- Klassisch österreichisch serviert wird bei einem Tafelspitzessen als Erstes die Grießnockerlsuppe, dann der Tafelspitz mit Rösti und Apfelkren (geriebener Meerrettich mit Apfelmus, das ohne Zucker gekocht, aber mit Salz und Pfeffer abgeschmeckt wurde).

### Kürbiskernöl

Die Kerne einer speziellen Kürbissorte, die in erster Linie in der Steiermark und im Burgenland angebaut wird, müssen erst geröstet werden, bevor man sie auspresst. Ihr gesundheitlich besonders wertvolles Öl (viel Vitamin E, sehr hoher Anteil an ungesättigten Fettsäuren) ist dunkelgrün bis schwarz und dickflüssig. Es schmeckt hocharomatisch-nussig. Kürbiskernöl gibt Kartoffeln, Linsen, Salaten und Suppen ein ganz neues, besonderes Aroma und sieht hübsch aus. Auch gut: Tomaten und Mozzarella mit Kürbiskernöl! Erst mit Salz, Pfeffer und Balsamico-Essig würzen, dann das Öl über Büffelmilchkäse und Tomaten träufeln!

## Einmal fein statt fett:

# PIZZA

***Leonore Capell:*** Wenn mich die Lust auf Pizza packt, hab ich bisher immer den Pizza-Service angerufen. Damit ist jetzt Schluss, obwohl ich noch nicht mal weiß, welchen Teig man dazu braucht …
***Manfred Stocker:*** Hefeteig, und der ist schneller gemacht, als Sie vielleicht glauben.

*Die neue Gourmet-Pizza à la Manfred verzichtet auf die üblichen Tomaten. Der Räucherlachs ruht auf Crème fraîche und Rucola-Blättern.*

**Trick Nr.1:** Geben Sie auf den 1/2 Hefewürfel, den Sie für 1 Backblech mit Pizza brauchen, eine Prise Zucker. Hefe besteht schließlich aus Bakterien, und die wollen etwas zu fressen, wenn sie arbeiten, also aus festem Teig etwas Lockeres machen sollen. Außerdem brauchen Sie noch circa 1/4 l Wasser. Nehmen Sie lauwarmes! Das gefällt den Hefebakterien am besten.
**Trick Nr. 2:** Verkneten Sie nicht nur 1/2 Packung Mehl und etwas Salz mit Hefe und Wasser, sondern auch 1–2 Esslöffel Olivenöl. Das gibt Geschmack und Geschmeidigkeit.
**Trick Nr. 3:** Lassen Sie den Teig mindestens 1 Stunde ruhen, damit die Hefe Zeit zum Arbeiten hat. Das richtige Ergebnis sehen Sie, wenn die Teigmasse danach größer geworden ist und beim Reinstechen mit dem Stiel eines Holzlöffels leicht zusammenfällt.

***LC:*** Soll ich den ausgerollten Teig dann in runde Böden ausstechen und mit Tomaten belegen oder mit Tomatenmark bestreichen?
***MS:*** Ich belege lieber ein viereckiges Backblech. Dann haben die fertigen Pizzastücke mal eine neue Form. Und Tomaten? Auf die verzichten wir, denn ich schlage Ihnen eine **Räucherlachs-Pizza** vor:

- Bestreichen Sie den ausgerollten und auf ein Backblech mit Backpapier gelegten Teig großzügig mit Crème fraîche, die Sie vorher mit Salz, Pfeffer und eventuell etwas Zitronensaft abgeschmeckt haben.
- Belegen Sie die Crème-fraîche-Schicht mit ein paar Rucola-Blättern und streuen Sie etwas geriebenen Parmesan drüber.
- Backen Sie die Pizza für 10–12 Minuten bei 250 Grad Unterhitze …

***LC:*** Ohne Lachs? Und warum nur bei Unterhitze?
***MS:*** Zum Lachs kommen wir gleich noch. Die Unterhitze ist wichtig, weil ja der Boden knusprig werden soll, die Oberfläche aber nicht verbrennen darf. Wenn Ihr Backofen sich nicht auf Ober- und Unterhitze einstellen lässt, schieben Sie das Blech auf die unterste Schiene und backen Sie den Pizzaboden 10 Minuten bei der höchsten Temperatur, die Sie einstellen können.

- Geben Sie dann erst die Räucherlachsscheiben auf die fertige Pizza und schieben Sie das Blech noch mal für circa 2 Minuten in den heißen Ofen. Der Lachs soll nur lauwarm werden, nicht durchgebacken. Zum Schluss kommt noch etwas Rucola als Garnitur auf die Pizza.

***LC:*** Kommt die Pizza wirklich aus Italien, Manfred?
***MS:*** Wahrscheinlich haben die Araber sie erfunden, denn der Name wird von »pita«, dem arabischen Wort für »Brot«, hergeleitet. Die erste bekannte Pizza hat aber der Neapolitaner Raffaele Esposito angeblich 1889 zum Besuch der Königin Margherita in Neapel gebacken – in den italienischen Nationalfarben, also mit roter Tomate, weißem Mozzarella und grünem Basilikum.

**Tricks vom Kartoffelprofi:**

# POMMES FRITES

***Leonore Capell:*** Ich mag Pommes, aber weil ich als Schauspielerin auf die Figur achten sollte, verzichte ich meistens drauf. Vielleicht verkneif ich sie mir auch nur, weil ich nicht weiß, wie ich sie knusprig kriege, ohne dass das Fett von ihnen runtertropft …

***Manfred Stocker:*** Wenn Sie Pommes selbst herstellen, können Sie auch Fett sparen – ohne dass sie lasch werden. Sie brauchen nur ein paar Profitricks anzuwenden:

*Die neue Art, Pommes zu servieren: Als »Scheiterhaufen« sehen sie einfach eleganter aus.*

**Trick Nr. 1:** Kartoffelstifte wässern – mindestens 1 Stunde lang. Schneiden Sie große, geschälte fest kochende Kartoffeln erst in 1 cm dicke Scheiben, dann in 1 cm dicke Stifte und legen Sie diese in kaltes Wasser. Durchs Wässern geben die rohen Pommes Stärke ab. So werden sie beim Frittieren krosser und nehmen weniger Fett auf.

**Trick Nr. 2:** Vorbacken – trocknen Sie die gewässerten Roh-Pommes gut ab und backen Sie die Stifte in heißem Fett, bis sie gar sind, aber noch nicht knusprig. Dann können sie abkühlen und stundenlang warten, bis Sie Lust darauf haben.

**Trick Nr. 3:** Viel Öl, viel Platz, nicht zu viel Hitze – nehmen Sie einen großen Topf mit viel Öl zum Frittieren. Die Pommes sollen darin schwimmen. Wenn zu viele auf einmal im Frittiertopf sind, werden sie ungleichmäßig braun und matschig statt knusprig. Achtung: Keine Butter verwenden! Kein Olivenöl! Beide verbrennen zu schnell, und dann schmecken die Pommes bitter. Das Pflanzenöl muss heiß sein, soll aber nicht rauchen. Sonst werden die Kartoffelstifte zwar außen braun, bleiben aber innen roh.

**Trick Nr. 4:** Erst nach dem zweiten Frittieren salzen – geben Sie die vorfrittierten Pommes noch mal ins heiße Öl, bis sie wirklich knusprig sind. Kurz bevor Sie sie essen wollen. Dann kommen sie zum Abtropfen auf Küchenpapier (auch das mindert den Fettanteil) und werden erst anschließend gesalzen. Der Grund? Salz bindet Wasser, und wer die Pommes vorm zweiten Frittieren salzt, macht sie matschig. Und fetter. Weil sie ohne krosse Kruste mehr Öl aufsaugen.

**In Süß und Salzig selbst gemacht:**

# POPCORN

***Leonore Capell:*** Im Kino gibt es eine typische Handbewegung – der Griff in die Popcorntüte. Dieses Popzeug macht so süchtig, dass ich zu Hause Entzugserscheinungen bekomme. Manfred, Sie müssen mir helfen! Oder ist Popcornbraten sehr schwierig?

***Manfred Stocker:*** Wenn Sie die richtige Maissorte haben – sie wird in den USA gezüchtet und ist sogar patentiert –, kann eigentlich nichts schief gehen.

***LC:*** Kann ich die überall kaufen?

***MS:*** »Popcorn-Mais« gibt's in jedem Supermarkt. Außerdem brauchen Sie nur einen hohen großen Topf mit Deckel und etwas Öl, Salz und Zucker:

- Geben Sie Maiskeimöl, es kann aber auch einfaches Pflanzenöl sein, in den heißen Topf. Mittlere Heizstufe reicht.
- Schütten Sie so viel Popcorn-Mais auf das heiße Öl, bis der Boden gut bedeckt ist – einmal umrühren und den Deckel auflegen.
- Abwarten, bis es anfängt, etwas heftiger zu »poppen«, dann den Topf von der Heizplatte nehmen und fünf Minuten abwarten. Lassen Sie den Deckel drauf, sonst schießen die Körner beim Aufplatzen quer durch die Küche.
- Wenn die Popperei sich beruhigt hat, wird das »Corn« – das ist übrigens das amerikanische Wort für Mais – aus dem Topf geholt und gesalzen.
- Für süßes Popcorn bleibt der aufgesprungene Mais im Topf, wird gezuckert und wieder auf die mittelheiße Platte gestellt. Beim Umrühren und im Kontakt zum Topfboden karamelli-

siert der Zucker, das Popcorn schmeckt noch besser. Dabei müssen Sie ein bisschen aufpassen, damit Ihnen die letzten aufpoppenden Körner nicht ins Gesicht fliegen. Wichtig: Fassen Sie die karamellisierten Popkörner nicht gleich an. Karamell ist sehr heiß und kann auf den Fingern Brandblasen verursachen. Finger doch verbrannt? Stecken Sie die Hand schnell in möglichst kaltes Wasser. Das vertreibt den Schmerz und vermindert die Blasenbildung.

***LC:*** Warum poppt Mais eigentlich?

***MS:*** Auch in den trockenen Maiskörnern steckt noch etwas Feuchtigkeit, da die Schale aber sehr hart ist, kann sie nicht verdunsten. Werden die Körner erhitzt, dehnt sich das Wasser aus, sprengt die Schale und zerreißt das Innere in fluffig-feste Fetzen,

**Frischmaisrezept**

- Kaufen Sie sich Kolben von frischem Zuckermais, entfernen Sie die grünen Blätter und kochen Sie die ganzen Kolben in gut gezuckertem Wasser circa 45 Minuten.
- Übergießen Sie die Maiskolben mit flüssiger Butter und würzen Sie mit Salz und fein gehackten Kräutern wie etwa Kerbel, Estragon oder Petersilie.
- Vorgegarte Maiskolben bekommen durch Grillen ein leichtes Karamellaroma – nur so lange auf der Hitze lassen, bis die Körner leicht braun werden, sonst verhärtet sich die in ihnen enthaltene Stärke.

## Salat vom »neuen« Tintenfisch:

# PULPO

***Leonore Capell:*** Wenn ich Tintenfisch höre, muss ich an die frittierten Ringe denken, die so schmecken wie Fahrradreifen. Vor allem, wenn ich koche. Jetzt empfehlen Sie mir »Pulpo«, Manfred. Schmeckt er besser?

***Manfred Stocker:*** Pulpo ist eine eigene Sorte, größer als Tintenfische und, noch wichtiger: Er ist zarter. Aber auch er muss erst mal gekocht werden:

- ▶ Zerteilen Sie die Fangarme des Pulpo in größere Stücke und geben Sie sie in einen heißen Sud aus Wasser und einem guten Schuss Weißwein. Gut dazu schmecken Würfel von etwa 1/2 Fenchel, ein paar Pfefferkörner, 1/2 Zwiebel, 2–3 Lorbeerblätter und ein paar Thymianzweige.

***LC:*** Wo bekomme ich Pulpo?

***MS:*** In guten Fischgeschäften. Auf jeden Fall auf Vorbestellung.

**Der Trick:** Geben Sie ein paar Korken, ganz banale Weinflaschenkorken, mit in den Sud. Sie verringern die Garzeit des Kleinkraken.

- ▶ Lassen Sie alles einmal aufkochen. Geben Sie Salz und 1 Schuss Essig dazu und lassen Sie Sud und Pulpo 1 bis 1 1/2 Stunden bei schwacher Hitze köcheln.
- ▶ Schneiden Sie die Fangarme in kleine, hübsche Stücke.
- ▶ Rösten Sie abgezogene und entkernte Kirschtomaten, Paprikawürfel, klein geschnittene Zwiebel – der Farbe wegen nehme ich hier rote – mit klein geschnittenem Thymian und Basilikum kurz in Olivenöl an. Geben Sie die Pulpostückchen kurz dazu und verteilen Sie dann alles auf Teller. Frische Basilikumblättchen zur Dekoration, und fertig ist der »lauwarme Salat vom Pulpo«.

***LC:*** Ohne Salatdressing?
***MS:*** Das brauchen Sie hier nicht. Der Pulpo hat im Sud genug Essig- und Weinwürze aufgenommen.

**Paprikaschältricks**

- Vierteln Sie rote oder gelbe Gemüsepaprika und entfernen Sie die weißen Kerne sowie die weiß-pelzigen Häutchen, an denen sie festgewachsen sind.

***LC:*** Warum keine grünen?
***MS:*** Die werden beim Erhitzen im Backofen bitter und färben sich hässlich grau. Grüne Paprika können Sie nur dünn schälen – wie eine Kartoffel.

- Legen Sie die Paprika mit der Hautseite nach oben auf ein Backblech und pressen Sie die Stücke fest an. Geben Sie kein Salz oder Olivenöl dazu.
- Nach 10–12 Minuten bei 250 Grad Oberhitze können Sie die Paprika wieder herausholen. Jetzt lässt sich die Haut leicht abziehen.

***LC:*** Warum soll ich Paprika überhaupt häuten? Es heißt doch immer, dass die meisten Vitamine direkt unter der Haut stecken? Und die von Paprika ist noch nicht einmal so lästig zäh wie die von Tomaten …
***MS:*** Stimmt, aber Leuten mit empfindlichem Magen bekommt Paprikahaut nicht so gut, außerdem wollen wir Köche für die feine Küche alles noch ein bisschen feiner machen als normal. Und was die Gesundheit angeht: Essen Sie zwischen den Mahlzeiten frisches Obst und vergessen Sie beim Kochen für besondere Anlässe die Vitamine, denn dann geht's ja mehr um Genuss als um Gesundheit, oder?

## Zum Dessert ein »verschleiertes Bauernmädchen«:

# PUMPERNICKEL

***Leonore Capell:*** »Verschleiertes Bauernmädchen« soll es als Dessert geben? Das könnte der Titel einer Operette sein. Bringen Sie Ihren Gästen ein Ständchen, Manfred, wenn das bestellt wird?

***Manfred Stocker:*** Keine Angst. Kochen kann ich besser als singen! Aber »Verschleiertes Bauernmädchen« ist in Schleswig-Holstein ein beliebtes Dessert, das wahrscheinlich aus Westfalen stammt, denn dort wurde Pumpernickel, der wichtigste Bestandteil, vor Jahrhunderten erfunden.

***LC:*** Pumpernickel? Das ist doch schwarzes Vollkornbrot, oder?

***MS:*** Genau. Es wird aus Roggenschrot hergestellt und in verschlossenen Behältern im Wasserdampf gebacken. Deshalb hat es keine Rinde und ist fast schwarz.

▶ Weichen Sie als Vorbereitung eine kleine Hand voll Rosinen in etwas Rum ein …

***LC:*** In wie viel Rum? Und wie lange einweichen?

***MS:*** So, dass die Rosinen knapp bedeckt sind, und so lange, bis sie schön weich werden.

▶ Zerbröseln Sie die Pumpernickelscheiben etwas, circa sechs Stück für zwei Desserts, und werfen Sie die Brösel zusammen mit den Rosinen und etwa halb so viel abgezogenen Mandeln in den Küchenmixer.

***LC:*** Wie zieht man Mandeln ab?

***MS:*** Sie müssen etwa 10 Minuten in Wasser kochen und kalt abgeschreckt werden. Dann lässt sich die braune Haut – zwischen zwei Tüchern gerieben – leicht wegschieben.

*Traditioneller »Nachtisch« bei Bauernhochzeiten im Norden Deutschlands: Apfelmus, Pumpernickel und Sahne, schichtenweise.*

- Pürieren Sie die Zutaten in einer Moulinette. Sie riechen sofort nach dem feinen Malzton, der Pumpernickel auszeichnet. Jetzt muss das nur noch »verschleiert« werden, und dazu brauchen Sie etwas Apfelmus, am einfachsten fertig gekauftes. Das ist heute ganz in Ordnung.
- Geben Sie als Erstes je einen Löffel Apfelmus in zwei Gläser. Darauf kommt je ein Viertel der Pumpernickel-Rumrosinen-Mandel-Mischung, dann ein Löffel steif geschlagene Sahne (gewürzt mit Vanillezucker oder frisch aus einer Vanillestange gekratztem Mark), wieder Apfelmus und Pumpernickel und zum Abschluss Sahne. Die dekorieren Sie zum Beispiel mit je einer Kirsche oder Himbeere und etwas Zitronenmelisse.

**Vanillezucker**

Natürlich kann man auch den fertig kaufen, aber der billige Vanillezucker ist nicht mit der teuren Originalvanille gewürzt, sondern mit dem künstlich hergestellten, allerdings naturidentischen Aromastoff Vanillin. Das steht unter »Zutaten« auf der Verpackung. Zum Selbstmachen braucht man ein Gefäß mit Zucker, ein Einmachglas zum Beispiel, das sich fest verschließen lässt. Da hinein kommt eine aufgeschnittene Vanilleschote. Sie kann ruhig schon ausgekratzt sein, wenn man ihr Mark für ein Dessert gebraucht hat. Die Schote hat trotzdem noch so viele Duftstoffe, dass sie den Zucker innerhalb von 2–3 Tagen und für Wochen intensiv würzt.

Mit Fenchel, Aprikose und als Knödel:

# QUARK

***Leonore Capell:*** Manfred, Sie erzählen mir keinen Quark, Sie kennen sich damit aus. Was muss ich als Laie darüber wissen?

***Manfred Stocker:*** Sie brauchen bei den Angeboten im Supermarkt nur auf die Fettstufen zu schauen – Sahnequark ist der fetteste und schmeckt hervorragend mit Früchten. Magerquark nehme ich für Knödel und andere Quarkteige. Wie wär's als Erstes mit einem **Fenchel-Kräuter-Quark**? Wer Fettkalorien sparen will, nimmt hier einen 20-Prozent-Quark.

Schneiden Sie den Strunk aus der Fenchelknolle und diese in feine Würfelchen. Wenn Sie wollen, können Sie außerdem Würfelchen von gehäuteten Tomaten und Gurkenwürfel dazugeben. Ich nehme noch klein geschnittene Lauchzwiebeln, Schnittlauch, Petersilie – alles an Kräutern passt, egal, was man gerade da hat. Außerdem kommen Paprikawürfelchen dazu, weil sie hübsch aussehen. Das alles wird gut gemischt und eventuell mit etwas Milch verdünnt, wenn es zu fest ist.

Mein zweiter Vorschlag heißt **Aprikosenquark**: Geben Sie Sahnequark in eine Schüssel, und mischen Sie ihn mit etwas Joghurt. So erhalten Sie ein besonders feines Säurearoma. Dazu passen Beeren genauso gut wie zum Beispiel Kirschen oder Marillen, wie wir Österreicher sagen. Es sind Aprikosen, die ich für den Fruchtquark schnell zu einem Kompott koche (mit wenig Wasser und etwas Zucker aufkochen, bis sie weich sind). Das wird dann unter den Quark gemischt und eventuell mit etwas Honig nachgesüßt. Für mich ist das einer der aromatischsten Früchtequarks.

***LC:*** Österreicher sagen Topfen statt Quark. Warum tun Sie's nicht?

***MS:*** So langsam passe ich mich an meine Hamburger Gäste an, aber im Gastronomieangebot gibt es auch »Topfen«. Der ist trockener als der deutsche »Quark«, deshalb verwenden wir ihn zum Beispiel für Topfenknödel.

## Topfenknödelrezept

Sie machen ein bisschen mehr Arbeit als Fenchel- oder Aprikosenquark, sind aber ein wunderbares Dessert, wenn Sie Gäste haben. Deshalb hier ein Rezept für sechs Personen:

- Rühren Sie 4 Esslöffel (circa 40 g) weiche Butter, ebenso viel Puderzucker, 1 Prise Salz und Vanillezucker mit dem Abrieb einer Zitrone (unbehandelt, gewaschen!) schaumig.
- Mischen Sie den Butterschaum mit 1 Eigelb und 1 ganzen Ei.
- Rühren Sie circa 100 g Mehl (1 Fünftel einer Packung), 25 g Grieß (circa 2 1/2 Esslöffel) und 500 g Magerquark (2 Packungen, Wasser abgießen!) unter den Eier-Butter-Schaum und lassen Sie den Teig 1 Stunde im Kühlschrank ruhen.
- Formen Sie mit der Hand kleine Knödel und lassen Sie diese circa 12 Minuten in leicht gesalzenem kochendem Salzwasser ziehen (circa 1 Teelöffel Salz auf 2 Liter Wasser).
- Dazu gehören traditionell Butterbrösel. In ihnen werden die Topfenknödelchen des Aussehens und des Geschmacks wegen gewälzt. Zerlassen Sie circa 100 g Butter (etwa 1/3 einer Packung) in einer Pfanne, geben circa 100 g Semmelbrösel – so viel, bis keine flüssige Butter mehr übrig ist – und 1 Esslöffel Zucker dazu. Rösten Sie die Brösel braun.
- Zum Anrichten verteilen Sie Zwetschgenröster (Rezept siehe ZWETSCHGEN) auf Tellern. Dann werden die Topfenknödel in den Butterbröseln gewälzt, draufgesetzt und mit Puderzucker bestreut. Ein paar Blättchen frische Pfefferminze passen als Deko.

**Extratipp:** Die Topfenknödel müssen schnell und heiß serviert werden. Dann ist ihre Konsistenz locker und luftig. Kalt geworden sind sie zu fest.

**Das ultimativ beste Reisgericht:**

# RISOTTO

***Leonore Capell:*** Meine Schwiegermutter meint, ich solle ihrem Sohn doch häufiger mal Risotto machen. Das äße er so gern, aber bei aller Liebe – ich hab keine Lust, stundenlang in der Küche zu stehen oder zuzugucken, wie der Reis am Topfboden verbrennt …

***Manfred Stocker:*** Das müssen Sie nicht, denn ich habe hier einige Tipps für Risotto-Liebhaber:

*Manfred Stocker brät fürs Risotto erst Schalotten an, dünstet darin den Reis glasig, gibt dann erst Wein und Brühe zu und bindet alles mit Parmesan und Butter.*

**Trick Nr. 1:** Reis anschwitzen, damit er »Biss« behält – geben Sie den Risottoreis, rundkörnigen aus Italien, den es mit dieser Aufschrift in den meisten Supermärkten zu kaufen gibt, direkt auf Schalottenwürfelchen, die Sie in heißem Olivenöl glasig angeschwitzt haben. Sie brauchen für 2 Portionen circa 2 Tassen Reis, denn dessen Menge verdoppelt sich beim Kochen ja. Löschen Sie den Reis mit einem kräftigen Schuss Weißwein ab, sobald auch er etwas glasig wirkt. Bitte umrühren während der Reiszugabe und beim Anschwitzen!

**Trick Nr. 2:** Heiße Brühe statt kalte – füllen Sie den Topf mit circa 4 Tassen warmer bis heißer Fleischbrühe auf, dann wird das Risotto schneller gar. Einmal umrühren, um sicher zu sein, dass kein Reis am Topfboden haften geblieben ist!

**Trick Nr. 3:** Vom Topf aufs Backblech – wenn der Reis bei kleiner Hitze nach circa 10 Minuten fast gar gekocht ist – probieren Sie ein paar Körner, sie sollen noch einen merkbar mehlig schmeckenden Kern haben! –, geben Sie das Risotto auf ein Backblech und breiten es ziemlich flach aus, damit der Reis schnell abkühlt, der Garprozess also unterbrochen wird.

***LC:*** Bis zu diesem Punkt kann ich das Risotto also vorher kochen …
***MS:*** Sie können es so einen ganzen Tag im Kühlschrank stehen lassen. Die restliche Arbeit ist dann schnell erledigt:

**Trick Nr. 4:** Mis-en-place oder gute Vorbereitung – Profiköche »machen« ihr Mis-en-place oder »alles an seinem Platz« sehr sorgfältig. Sie stellen die benötigten Zutaten griffbereit auf, damit sie beim schnellen Arbeiten nach nichts suchen müssen. Für das Risotto sollten jetzt bereitstehen: Zutaten, die ihm den typischen Geschmack geben, also zum Beispiel geputzte und klein geschnittene Pilze, gebratenes Fleisch wie Rinderfiletspitzen oder etwas Feines wie gegarte Hummerstücke. Dazu frische, gehackte Kräuter wie Rosmarin, Thymian, Basilikum. Außerdem gehört zum Risotto-Mis-en-place unbedingt noch 1 Extratasse warme Fleischbrühe, Butter direkt aus dem Kühlschrank und gehobelter oder geriebener Parmesankäse.
**Trick Nr. 5:** Kalte Butter und Parmesan – sie geben dem Reis die richtige Bindung, sobald

1. die warme Brühe (sie sorgt dafür, dass die abgekühlten Reiskörner während des Einrührens der letzten Zutaten durchgaren), dann 2. die Aromazutaten wie Fleisch, Fisch oder Gemüse und schließlich 3. die Kräuter untergemischt worden sind. Nun rühren Sie einfach den Käse unter den Reis, dann nach und nach die kalte Butter in Flöckchen. Sie können zusehen, wie die Körner sich sämig-weich aneinander und an die Zutaten binden.

*Manfred Stocker und seine »Azubine« Leonore Capell beim Risottokochen. Der wichtigste Trick: alle Zutaten vorher bereitstellen!*

**Topdessert des Nordens:**

# ROTE GRÜTZE

***Leonore Capell:*** Das ist *die* Süßspeise überhaupt. Ich könnte mich in Rote Grütze reinlegen. Nur – wie macht man sie, Manfred?

***Manfred Stocker:*** Sie brauchen frische Beeren – Erdbeeren, Johannisbeeren, Himbeeren, Brombeeren, was Sie wollen und gerade bekommen. Ich nehme auch Kirschen dazu und ein paar Blaubeeren.

***LC:*** Wie viel Beeren brauche ich?

***MS:*** Pro Person circa 100 Gramm, aber weil sich Rote Grütze im Kühlschrank ein paar Tage hält und so gut schmeckt, würde ich immer gleich eine größere Menge, also für 4 Portionen, machen.

***LC:*** Wenn ich alle Beeren geputzt, Blätter und Stiele entfernt und die Kirschen mit dem Kirschentkerner von den Steinen befreit habe – was dann?

***MS:*** Dann kann's losgehen, und zwar – damit's noch einfacher wird – mit Roter Grütze ohne die normalerweise verwendete Stärke:

- 100 g Zucker (eine gute Hand voll) in einem Topf mit dickem Boden schmelzen und goldbraun werden lassen. Orangensaft (ca. 6 Schnapsgläser voll), Zitronensaft (2 Schnapsgläser), Johannisbeersaft und Rotwein (je 1/4 l) zusammen mit 1 Zimtstange und 2 aufgeschnittenen Vanilleschoten zugeben, alles auf- und kurz einkochen lassen.
- Alle Früchte bis auf Blaubeeren und Kirschen – die ideale Mischung für 4 Portionen ist übrigens circa 300 g Beeren und 100 g Kirschen – zu der Saftmischung geben und so lange mitkochen, bis sie weich sind. Zimtstange und Vanilleschoten entfernen, die Beeren-Saft-Mischung mit dem Stabmixer im Topf pürieren oder durch ein Sieb drücken.

- Die zurückbehaltenen Blaubeeren und Kirschen dazugeben. Jetzt muss die Rote Grütze nur noch kalt werden, und Sie können sie essen.

**Extratipp:** Wer einen besonders feinen Geschmack möchte, lässt die Grütze einen Tag ruhen, denn dann verbinden sich die Aromen der einzelnen Fruchtsorten besonders harmonisch. So oder so schmeckt dazu die klassische Vanillesauce.

***LC:*** Was mach ich, wenn die Grütze zu flüssig geworden ist?
***MS:*** Dann brauchen Sie doch etwas Stärke, und zwar solange die Grütze noch heiß ist – bevor die Früchte hineingelegt werden, die nicht kochen sollen: Circa 50 g (2–3 Esslöffel gestrichen voll) Maisstärke mit etwas Saft glatt rühren und je nach Dicke und Bedarf in die Grütze geben. Alles 1/4 Stunde kochen lassen! Damit bekommt sie die Bindung, die viele von Roter Grütze erwarten.

### Vanillesaucen-Rezept

Für 4 Personen 125 g Sahne (1 Becher) und ebenso viel Milch mit 1/2 aufgeschnittenen und ausgekratzten Vanilleschote und ihrem Mark aufkochen. 3 Eigelb und 50 g Zucker (circa 5 Esslöffel) in einer Schüssel verrühren. Die Schüssel in ein heißes Wasserbad stellen und die heiße Sahne-Vanille-Milch unter das Eigelb rühren. Weiterrühren, bis sie die richtige Konsistenz erreicht hat (wie flüssiger Honig). Zum Schluss die Sauce durch ein feines Sieb passieren. Sie schmeckt warm und kalt und kann zum Beispiel mit verschiedenen Fruchtpürees, Mandeln und Krokant sowie dem jeweils passenden Likör immer neu variiert werden.

**Extratipp:** Diese Vanillesauce ist das Grundrezept für sämtliche Milcheissorten. Sie können ihr Aroma beliebig verändern – durch die Zugabe von Fruchtpürees und passenden Likören.

## Mehrwert durch Marinieren:

# ROTKOHL

***Leonore Capell:*** In Hollywood schwören viele auf die Kohlsuppendiät, aber ich will heute nicht abnehmen, sondern gut essen und vor allem – gut kochen lernen. Manfred, was mache ich zu Hause zum Beispiel mit einem Rotkohl?

***Manfred Stocker:*** Am besten schmeckt er, wenn man ihn vorher in die üblichen Streifen schneidet und mariniert.

***LC:*** Bevor er gekocht wird? Wozu ist das gut?

***MS:*** Wie für alles Marinierte gilt auch bei Rotkohl: Die verwendete Gewürzmischung betont den Eigengeschmack und rundet das Aroma ab. Der als Flüssigkeit verwendete Essig, Wein oder Saft macht Rohes essbar, beim Fisch zum Beispiel, oder für den Magen leichter verträglich wie bei Rotkohl. Für die Rotkohlmarinade

- gießen Sie circa 1 l Orangensaft über den in Streifen geschnittenen Rotkohl,
- geben 1/2 l Rotwein zu, salzen und pfeffern. Außerdem brauchen Sie
- 1 Apfel ohne Schale und Kerngehäuse in Vierteln, circa 1 Esslöffel frische Preiselbeeren und 1/2 Zimtstange. Füllen Sie
- 4–6 Gewürznelken, 1 Esslöffel Pfefferkörner und 4–5 Wacholderbeeren in einen kleinen Gewürzbeutel oder Teefilter und legen Sie sie in die Marinade. Dann können Sie die harten Körner hinterher leicht entfernen und beißen nicht beim Essen aus Versehen darauf. Mischen Sie alles gut und

- stellen Sie den Rotkohl für mindestens 12 Stunden abgedeckt in den Kühlschrank. Vor dem Servieren, zum Beispiel zu Wild, muss der Rotkohl nur noch 20 Minuten kochen.
- Zum Schluss mit 1–2 rohen, geriebenen mehligen Kartoffeln binden.

**Grünkohlpüree-Rezept**

In Norddeutschland wird im Winter überall Grünkohl gegessen, aber den meisten Süddeutschen schmeckt er zu bitter, zu »grün«, und fast immer ist das Gericht zu fett. Das muss nicht sein:

- Blanchieren Sie den Grünkohl (Blanchieren siehe GELATINE) und drehen Sie ihn durch den Fleischwolf oder stecken Sie ihn in den Mixer.
- Erhitzen Sie in einem Topf etwas Butter und schwitzen Sie darin klein gehackte Schalotten an – rund 2 Stück auf 1 Pfund Grünkohl.
- Geben Sie die Grünkohlpaste zusammen mit circa 1/8 l Sahne und 1/8 l Fleischbrühe zu, salzen und pfeffern Sie und kochen Sie das leuchtend grüne Püree bei sanfter Hitze 3–4 Minuten.

Dazu passt nicht nur fettes Schweine- oder Pökelfleisch. Pürierter Grünkohl harmoniert auch mit kräftigem Wildaroma und dem von gebratenem Fisch.

**Kleine Kohlkunde**

**Chinakohl.** Er wird in erster Linie roh für Salate verwendet. Man kann ihn auch marinieren – in Weißwein mit Pfefferkörnern, dazu etwas Muskat, Ingwer und Koriander – und dann schmoren. Das passt gut zu gebratenem Fisch.

**Kohlrabi.** Er ist der einzige Kohl, bei dem die Wurzel gegessen wird. Die kleinsten Blättchen sind schön als Dekoration. In Stangen geschnitten und circa 10 Minuten gegart – Achtung! Auch Kohlrabi soll noch »Biss« haben –, schmeckt er besonders gut zu kräftig gewürztem Fleisch wie etwa Kalbfleischfrikadellen (Rezept siehe FRIKADELLEN).

**Rosenkohl.** Er ist in der Feinschmeckerküche am beliebtesten. Man kann die ganzen Rosen schmoren – in Butter oder Schmalz. Profiköche lösen heute einzelne Blätter von den Knospen, blanchieren sie nur ganz kurz und servieren sie zu Seezunge und Lachs oder zum Beispiel zu Geflügel. Auch kurz frittiert schmecken Rosenkohlblätter sehr fein und sind eine hübsche Deko zu gebratenem Fisch (Rezept siehe BRATEN).

**Weißkohl.** Am häufigsten wird er frisch zu Salat verarbeitet oder als Sauerkraut eingesalzen, gekocht und zum Beispiel zu Kasseler, aber auch zu Fasan serviert (zum Wildgeflügel wird er meist mit Weißwein oder auch mit Champagner gekocht).

**Wirsing.** In der feinen Küche verwendet man nur einzelne, ganz kurz blanchierte Blätter als Außenhülle für feine Rouladen, zum Beispiel aus Krustentieren oder Fisch. Als Kohl weich gekocht, gehört Wirsing zusammen mit Salzkartoffeln zu bäuerlich-deftigen Gerichten.

***LC:*** Welchen Wein empfehlen Sie zu Kohlgerichten, Manfred?

***MS:*** Das kommt auf das Fleisch an, das dazu serviert wird, und noch mehr auf die Sauce: Zu kräftig abgeschmecktem Rotkohl gibt's ja meist gebratenes Fleisch mit einer dunklen Sauce, also passt roter besser als weißer Wein. Zu Geflügel auf einem feinen Wirsingbett oder Fisch mit Rosenkohlblättern schmeckt ein leichter Weißwein, ein Chardonnay zum Beispiel, ein Pinot Grigio oder ein leichter Riesling.

Die elegante Resteverwertung:

# RUMKUGELN

***Leonore Capell:*** Wenn meine Verwandtschaft zum Kaffeeklatsch kommt, bleibt immer Kuchen übrig. Haben Sie einen Tipp, was ich mit den Resten machen kann, Manfred?

***Manfred Stocker:*** Das kommt darauf an, was Sie übrig behalten haben. Ist es trockener Kuchen, Marmorkuchen zum Beispiel oder Biskuit, dann können Sie daraus Rumkugeln machen. Die halten sich bis zum nächsten Klatschnachmittag. Mit Sahnetortenresten würden sie sehr schnell sauer.

**Trick Nr. 1:** Läuterzucker – mit dem verbinden sich die Teigreste besser als mit aufgelöstem Kristallzucker. Lassen Sie einfach Zucker mit gleich viel Wasser, ½ kg auf ½ l, einmal aufkochen.

**Trick Nr. 2:** Aprikosenaroma – zerbröseln Sie den alten Trockenkuchen und mischen Sie ihn mit so viel Läuterzucker, dass die Reste knapp bedeckt und angefeuchtet sind, wenn Sie außerdem 2–3 Esslöffel Aprikosenmarmelade dazugegeben haben – sie liefert den eleganten Geschmack – und einen guten Schuss Rum (circa 1 Schnapsglas voll).

**Trick Nr. 3:** Kräftig durchrühren – wenn der Restkuchen schön durchgeweicht ist, nach circa 10 Minuten, rühren Sie das Gemisch mit dem Stabmixer kräftig durch und geben noch einige Rosinen, eventuell eine kleine Hand voll Kokosflocken dazu. Durch das Rühren werden die fertigen Rumkugeln luftig-locker.

**Trick Nr. 4:** Schokoladengeschmack – lösen Sie etwas Kuvertüre in einem kleinen Topf auf, schön langsam, bei wenig Hitze, damit sie nicht krisselig wird. Mischen Sie die flüssige Schokolade unter die Rummasse, lassen Sie alles erkalten und formen Sie mit den Händen kleine Kugeln daraus.

*Grundlage für Rumkugeln? Alter Kuchen. Dekoration? Nach Lust und Laune.*

**Trick Nr. 5:** Bunte Rumkugeln – wälzen Sie die fertigen Kugeln durch Liebesperlen, leicht angeröstete Mandelblättchen, gemahlene Pistazien oder Krokant.

***LC:*** Wie lange halten die sich?

***MS:*** Im Kühlschrank mindestens 2 Wochen.

***LC:*** Eine letzte Frage, Manfred: Welchen Rum verwende ich für die Kugeln?

***MS:*** Im Prinzip gilt – je aromatischer der Rum, umso besser die Kugeln, aber weil die anderen Zutaten ja schon reichlich Geschmack liefern, tut's hier auch ein einfacher Rum.

**À la Caesar's und Niçoise:**

# SALATE

***Manfred Stocker:*** Nur zwei international bekannte Salate haben es über alle Trends hinweg geschafft, bekannt und beliebt zu bleiben. Der eine ist der Salade Niçoise, der andere ist der Caesar's Salad.

***Leonore Capell:*** Weil ich Salat liebe, kenn ich mich damit aus. Nummer eins kommt von der Côte d'Azur, und dazu gehören in Öl eingelegter Thunfisch und Sardellen. Nummer zwei gibt's in Amerika auch in Toprestaurants. Seit wann isst man sie?

***MS:*** Salade Niçoise haben die Hausfrauen von Nizza und Umgebung wahrscheinlich immer schon gemacht – aus allem, was der Markt gerade an Frischem hergab. Nach der Erfindung der Konservierung von Nahrungsmitteln in Dosen kamen dann, um aus der Vorspeise ein sättigendes Hauptgericht zu machen, zu Artischocken, Bohnen, Gurken, Paprikaschoten, Tomaten, Oliven und hart gekochten Eiern noch Thunfisch in Öl und Sardellen aus der Dose.

***LC:*** Und der Caesar's Salad?

***MS:*** Den erfand ein Koch namens Caesar Cardini zu Beginn des 20. Jahrhunderts. Er betrieb im mexikanischen Tijuana ein Restaurant unter seinem Namen. Dort mixte er Blätter vom Römischen Salat mit Knoblauchzehen und Croûtons mit geriebenem Parmesankäse und Sardellenfilets. Den Amerikanern gefiel dieser Sattmachersalat so gut, dass sie das Rezept in alle Welt verbreiteten – oft mit gekochtem Ei obendrauf.

***LC:*** Warum sollen wir diese beiden Salate heute noch essen?

***MS:*** Weil man sie auch als kleine, feine Vorspeise anbieten kann. Dann sättigen sie nur den ersten großen Appetit und sorgen dafür, dass Figurbewusste nicht mehr viel anderes brauchen. Für beide gibt es ein paar Tricks, um sie leicht und lecker zu machen. Zum Beispiel für den **Salade Niçoise** heißt

**Trick Nr. 1:** kein fetter Thunfisch aus dem Öl – stattdessen gibt es zum 2-Personen-Salat aus circa 200 g blanchierten Keniabohnen (Blanchieren siehe CONSOMMÉ), 2 entkernten, geschälten und gewürfelten Tomaten (Tomatenschälen siehe BRUSCETTA), 1 großen geschälten, gekochten und gewürfelten Kartoffel, je 1/2 roten, gelben und grünen gewürfelten Paprika ohne Kerne, 1 kleinen geschälten roten Zwiebel in Ringen, 5 entkernten schwarzen Oliven, 5 Kapernäpfeln (das sind die Früchte des Kapernstrauches, nicht die sonst als »Kapern« verkauften Knospen) rohen Thunfisch. Schneiden Sie circa 1/2 Pfund in mundgerechte Würfel, die in einer großen Pfanne von allen Seiten nur knapp 1 Minute scharf angebraten werden, und zwar in Olivenöl. Der Fisch muss in der Mitte noch rosa sein, sonst schmeckt er trocken.

**Trick Nr. 2:** Zitrone plus Rotweinessig für die Vinaigrette – beides zusammen gibt ihr eine herbe Säure, die perfekt zum Thunfisch passt. Mischen Sie einfach knapp 2 Esslöffel Rotweinessig und den Saft 1/2 Zitrone mit Salz, Pfeffer und fein geschnittenem Basilikum. Geben Sie dann erst 3–4 Esslöffel kalt gepresstes Olivenöl dazu und rühren Sie so lange, bis sich alles zu einer sämigen Sauce verbindet. Mischen Sie die Salatzutaten mit der Vinaigrette und dekorieren Sie die einmal durchgeschnittenen Thunfischwürfel darüber.

***LC:*** Kein gekochtes Ei?

***MS:*** Nein! Nicht, wenn Sie den klassischen Salade Niçoise zubereiten wollen!

***LC:*** Und wie sehen die Tricks zu **Caesar's Salad** aus?

 ***MS:*** Ebenso leicht nachzumachen:

*Salade Niçoise à la Manfred: Der Thunfisch kommt nicht aus der Öldose, sondern wird frisch nur 1 Minute angebraten.*

**Trick Nr. 1:** Croûtons selbst machen - sie schmecken immer besser als fertig gekaufte. Schneiden Sie für 2 Personen einfach 2 Toastbrotscheiben ohne Rinde in Würfel und rösten Sie diese in gutem Olivenöl, bis sie von allen Seiten hellbraun sind. Dann sind sie außen knusprig und innen noch weich.

**Trick Nr. 2:** Ein Ei für die Sauce - das macht den Salat aus Romana-Blättern (»Römischer Salat«) und 2-4 klein geschnittenen Sardellenfilets viel leichter.

- Kochen Sie ein Ei nur 1 1/2 Minuten lang. Schrecken Sie es mit kaltem Wasser ab, schälen Sie es und geben Sie es in eine Schüssel.
- Zerdrücken Sie das Ei und mischen Sie es mit 1 Esslöffel Rotweinessig, 1 Prise Senfpulver, dem Saft 1/2 Limone, Salz, Pfeffer und 5-6 Esslöffeln gutem Olivenöl.
- Geben Sie die Sauce über die gewaschenen, abgetropften und in circa 1 Zentimeter breite Streifen geschnittenen Romana-Blätter mit den Sardellen. Dekorieren Sie alles auf zwei Teller und geben Sie die Croûtons obendrauf. Zum Schluss wird so viel Parmesankäse drübergehobelt, wie es Ihrem Geschmack und Hunger entspricht.

***LC:*** Was trinkt man eigentlich zu so einem Sattmacher-Salat, Manfred?

***MS:*** Mineralwasser. Der Salat hat selbst genug Aromastoffe.

***LC:*** Wie steht es mit Bier?

***MS:*** Wenn es Ihnen schmeckt.

***LC:*** Keinen Wein?

***MS:*** Ein kräftiger weißer Landwein oder ein trockener, gut gekühlter Rosé passen ebenfalls, aber sie müssen genug Säure haben, um sich gegen den Essig in der Marinade durchzusetzen.

**Für alles Grüne und Bunte:**

# SALATDRESSINGS

***Manfred Stocker:*** Dressings sind typisch für die kulinarische Harmonielehre. Die Kunst des Kochens besteht schließlich darin, dass wir zusammenfügen, was Geschmack verbessert.

***Leonore Capell:*** Beim Dressing ist das doch in erster Linie Essig und Öl …

***MS:*** Die wollen eigentlich gar nicht zusammenbleiben, deshalb geben wir

- 1 Teil Balsamico-Essig (mehr darüber siehe LINSEN) und 3 Teile Oliven-, Walnuss- oder Traubenkernöl in den Mixer. Salzen und pfeffern Sie nach Geschmack.
- Geben Sie warme Fleischbrühe oder Gemüsefond dazu. Er darf sogar heiß sein, denn die Wärme erleichtert Essig und Öl die Emulsion zu einem sämigen Salatdressing, wenn Sie nun alles gut durchmixen.
- Füllen Sie das Dressing in Flaschen und stellen Sie sie in den Kühlschrank. Diese Salatsauce hält sich sehr lange. Sie müssen sie nur vor der Verwendung einmal gut durchschütteln.

***LC:*** Aber immer dasselbe Dressing …

***MS:*** … muss ja nicht sein. Sie können es jederzeit durch Kräuter und Gewürze abwandeln, durch Zugabe von Crème fraîche, Joghurt oder saurer Sahne. Aber auch durch Käse. Wie wär's mit einem **Roquefort-Dressing**?

- Streichen Sie so viel von dem französischen Blauschimmelkäse durch ein Sieb, wie Sie für Ihre Salatportion brauchen, normalerweise circa 50 g pro Person. Geben Sie etwas Crème fraîche dazu und verrühren Sie beides mit 1 Spritzer Zitronensaft.
- Fügen Sie 1 Spritzer Worcestersauce dazu, der rundet das Roquefort-Aroma gut ab, einen Tick mittelscharfen Senf und so viel von der Basismarinade, wie Sie für Ihren Salat verbrauchen wollen. Geben Sie frische Kräuter hinein, zum Beispiel fein gehackte Petersilie oder Schnittlauch, und probieren Sie das Roquefort-Dressing zu kräftigen Salaten wie Rucola oder Feldsalat. Es passt aber auch zu kalten Nudeln.

*Kopfsalat ist out.*
*Zu langweilig.*
*Stattdessen gibt's*
*bunt Gemischtes.*

**Perfekter Schutz für feinen Fisch:**

# SALZKRUSTE

***Leonore Capell:*** Fisch braten, Fisch dünsten – die Fische zerfallen. Bei mir jedenfalls. Manfred, gibt es eine Methode, um einen ganzen Fisch auch wirklich ganz auf den Tisch zu bringen?

***Manfred Stocker:*** Besonders gut geht das, wenn Sie den Fisch in einer Salzkruste garen. Besonders saftig wird er dann auch.

***LC:*** Welchen Fisch nehme ich dafür?

***MS:*** Zum Beispiel Loup de Mer, also Wolfsbarsch. Man sagt auch Seewolf dazu, auf jeden Fall einen größeren für mehrere Gäste, weil man damit Eindruck machen kann und sich so der Trick mit der Kruste richtig lohnt. Den Fisch lässt man sich beim Fischhändler ausnehmen, salzt und pfeffert ihn innen, beträufelt ihn mit etwas Zitronensaft und füllt ihn mit frischen Kräuterzweigen, Thymian zum Beispiel und etwas Rosmarin.

- Für die Salzkruste mischen Sie circa 1 1/2 Pfund Salz, am feinsten schmeckt grobes Meersalz, mit 5-6 Eiweiß, bis eine feucht-weiche Masse entsteht. In die rühren Sie noch ein paar klein gehackte Kräuter wie Thymian, Dill, etwas Rosmarin. Sie verstärken das Aroma des gegarten Fisches.
- Auf ein mit Backpapier ausgelegtes Backblech kommt eine etwa einen 1/2 Zentimeter dicke Lage Salzmischung, darauf der Fisch, der dann mit dem Rest der Salzmasse verhüllt wird, so dass nirgendwo ein Loch bleibt.

*Weit eindrucksvoller als aus der Alufolie wirkt ein ganzer Fisch aus der Salzkruste. Der Effekt ist derselbe: volles Aroma und saftiges Filet.*

***LC:*** Warum das Eiweiß? Und was bewirkt die Salzkruste eigentlich?

***MS:*** Das Eiweiß wird fest und macht die Salzkruste undurchdringlich. So bleiben das zarte Aroma und der Saft im Fisch. Er braucht im Backofen, der auf 180 Grad vorgewärmt wurde, rund 20 Minuten, bis er gar ist, die Salzkruste also geöffnet werden kann. Dann kann man die zarten Fischfilets ganz leicht von Haut und Gräten lösen. Träufeln Sie jetzt noch ein paar Tropfen Olivenöl über die Filets. Dann schmecken sie aromatisch, aber gar nicht versalzen.

**Vom Unkraut zu Dip, Salat und Suppe:**

# SAUERAMPFER

***Leonore Capell:*** Sauer macht lustig. Das gilt auch für Sauerampfer. Wer auf dem Land aufgewachsen ist wie ich, hat ihn als Kind selbst von den Wiesen gepflückt. Kann man Sauerampfer jetzt im Gemüseladen kaufen, Manfred?

***Manfred Stocker:*** In einem guten Laden bekommt man ihn den ganzen Sommer über. Es ist ein besonders feines, leicht säuerliches Wildkraut, ein Knöterichgewächs, das ab Mai auf ungedüngten Wiesen wächst – oder in den Beeten von Biobauern.

***LC:*** Was kann ich damit machen?

***MS:*** Mein Vorschlag – **Sauerampferdip**, **Sauerampfersalat** und ein **Sauerampfersüppchen**. Man nimmt immer nur die kleinen Blätter. Die Stängel sind zu holzig, die großen Blätter schmecken bitter.

**Der Dip:** Schneiden Sie Sauerampfer in feine Streifen und mischen Sie sie mit Crème fraîche, saurer Sahne oder Mayonnaise. Dann wird nur noch mit Salz und Pfeffer abgeschmeckt, und Sie haben einen feinen säuerlich-würzigen Brotaufstrich oder Dip.

**Der Salat:** Dafür nehmen Sie nicht Sauerampfer pur, sondern mischen die Blätter mit anderen Salaten. Sonst wird's zusammen mit einer Essig-Kräuter-Öl-Vinaigrette zu sauer.

**Die Suppe:** Dazu brauchen Sie eine Basissuppe, zum Beispiel eine heiße Kartoffel-Lauch-Suppe. Da hinein kommen die Sauerampferblätter, die ganz frisch sein müssen. Angetrocknet haben sie kein Aroma mehr und sehen eher grau aus statt grün. Sie werden erst direkt vor der Verwendung in feine Streifen geschnitten. Das Ganze wird kurz aufgemixt. Zum Schluss rühre ich noch etwas

*Frischer Sauerampfer (mittlerer Teller) würzt den Crème-fraîche-Dip (oben) wie eine feine »Samtsuppe«.*

geschlagene Sahne darunter, weil die Suppe damit besonders leicht schmeckt und zur so genannten Samtsuppe wird (mehr darüber siehe KÜRBIS-SAMTSUPPE).

**Dekotipp:** Aufgefüllte Suppenteller mit Wiesenblüten dekorieren, zum Beispiel Gänseblümchen oder kleinen gelben Butterblumenblüten. Die kann man beide mitessen.

### Kartoffel-Lauch-Suppen-Rezept für 2 Personen

- 2 mittelgroße, mehlig kochende Kartoffeln schälen und in Scheiben schneiden, das Weiße von 1 Stange Lauch in Ringe.
- 1 geschälte Schalotte fein würfeln und in circa 10 g Butter (1 Esslöffel) leicht anschwitzen.
- Kartoffeln zugeben, mit circa 1/2 l hellem Geflügelfond oder Rinderbrühe aufgießen, salzen, pfeffern, mit etwas Muskat würzen und circa 30 Minuten köcheln lassen.
- Suppe gut durchmixen, durch ein feines Sieb passieren und nochmals aufkochen. Eventuell nachwürzen.
- Als feine Einlage, auch zur Sauerampfer-Kartoffel-Lauch-Suppe, passen zum Beispiel Büsumer Krabben, Räucherlachsstreifen, geräucherte Entenbrust oder gebratene Jakobsmuscheln.

## Die elegantere Gemüsebeilage:

# SELLERIE

***Leonore Capell:*** Sellerie kenne ich nur als verkochtes Suppengemüse oder roh in feinen Streifen als Waldorf-Salat. Manfred, Sie behaupten, ich könnte noch was anderes, etwas wirklich Gutes damit machen.
***Manfred Stocker:*** **Selleriepüree** beispielsweise. **Steckrüben-** und **Erbsenpüree** kann man nach dem gleichen Rezept herstellen.

- Schwitzen Sie Schalottenwürfelchen in etwas Öl an, bis sie glasig werden.
- Geben Sie die geschälte und grob geschnittene Sellerieknolle dazu, die Steckrüben oder die Erbsen.
- Nun kommt – speziell für die Steckrüben! – 1 gewürfelte Karotte dazu, weil sie die Farbe verschönert.
- Löschen Sie alles mit Mineralwasser ab, 1 Schuss auf 1 Sellerieknolle, denn seine Kohlensäure sorgt dafür, dass Sellerie oder Steckrüben nicht braun werden und Erbsen ihre grüne Farbe behalten.
- Füllen Sie etwas Sahne nach, circa 1/4 l auf 1 Knolle, und lassen Sie alles 15–20 Minuten sanft köcheln. Eine Prise Salz dazu und etwas Muskat zum Abrunden.
- Streichen Sie das weiche Gemüse heiß durch ein Sieb, und fertig ist das Püree.

***LC:*** Was mach ich, wenn es doch zu dünn geworden ist?
***MS:*** Reiben Sie eine rohe Kartoffel in das heiße Püree und rühren Sie ein paarmal um. Die Kartoffelstärke bindet, verändert aber den Geschmack so gut wie gar nicht.

**Vom totalen Out zum Trendsnack:**

# SENFEIER

*Mit Wachteleiern in einer feinen Senfsauce beweist der erfolgreiche NDR-TV-Koch Manfred Stocker seiner »Mitspielerin« Leonore Capell, dass Senfeier nicht altmodisch, sondern total im Trend sind.*

***Leonore Capell:*** Senfeier sind wirklich nicht mehr in Mode. Oder sind Sie anderer Meinung, Manfred?

***Manfred Stocker:*** Ja. Als Amuse geules, also als kleinen »Gaumenschmeichler« vor einem größeren Essen, oder als Snack zwischendurch schmecken sie prima, denn meine Senfeier stammen nicht vom Huhn, sondern von der Wachtel.

***LC:*** Wo krieg ich die her?

***MS:*** In jedem gut sortierten Feinkostgeschäft. Wachteln werden heute schließlich gezüchtet wie Hühner. Es sind keine Wildtiere mehr. Und ihre Eier sind erstens appetitlich klein, zweitens schmecken sie etwas würziger als Hühnereier.

- Kochen Sie die Wachteleier 2–3 Minuten in sprudelndem Salzwasser. Sie sollen nicht hart werden, sondern wachsweich bleiben. Schrecken Sie die Eier hinterher mit kaltem Wasser ab. Dann lassen sie sich ohne Probleme schälen. Als Amuse geules reicht je 1 Wachtelei für jeden, als Senfeier-Snack – und weil sie so gut schmecken – würde ich 2–3 pro Person rechnen.
- Für die Senfsauce brauchen Sie etwas Geflügelfond. Den gibt es in guter Qualität in Gläsern in jedem einigermaßen gut sortierten Supermarkt. Für 2 Personen und als Amuse geules würde ich circa 1/8 l nehmen. Geben Sie einen Schuss Weißwein dazu, trockenen natürlich, sonst schmeckt's nicht, und lassen Sie beides so einkochen, bis Sie nur noch rund 2 Esslöffel voll Flüssigkeit haben.

- Geben Sie 1 Schuss Sahne dazu und 1–2 Teelöffel Pommery-Senf, je nach Schärfe und persönlichem Geschmack. Lassen Sie alles 1 x aufkochen und rühren Sie die Sauce mit dem Schneebesen kurz durch.
- Setzen Sie je ein geschältes Wachtelei auf einen kleinen Teller. Am besten auf einen Kranz aus Kartoffelpüree, damit es nicht herumrollt. Etwas Senfsauce drüber, mit etwas klein geschnittenem Schnittlauch bestreuen, und das Senfei ist wieder voll im Trend.

### Kleine Senfkunde

Senf besteht aus den weiß-gelben (mild) oder schwarz-braunen (scharf) Körnern von Senfpflanzen. Gemahlen werden sie mit Wasser, Essig oder Most aus unreifen Trauben und Gewürzen zu einer Paste verarbeitet.

**Süßer Senf** ist sehr mild und – wie der Name sagt – ziemlich süß. Er ist ein Muss zur bayerischen Weißwurst.

**Dijon-Senf** bekam seinen Namen von der burgundischen Hauptstadt. Er ist fein-scharf, gleichzeitig fruchtig und passt zu allen milden Fleischsorten. Er entspricht in etwa dem deutschen »mittelscharfen« Delikatess- oder Tafelsenf, schmeckt aber »eleganter«.

**Pommery-Senf** ist milder als Dijon-Senf, deshalb eignet er sich so gut für Senfeier.

**Senf »extrascharf«** wird nur aus schwarzen Senfkörnern mit Weißwein zur Senfpaste verarbeitet. Er passt zu kräftig geräuchertem Schinken, geräuchertem Aal, fettem Fleisch und zu herzhaftem Käse wie zum Beispiel altem Gruyère, Gouda oder Stilton – besonders wenn er mit etwas Feigenkompott oder Apfelchutney gemischt wird.

Daneben gibt es ein Dutzend Senfsorten, die mit Kräutern oder Gewürzen abgeschmeckt werden, von Estragon- über Früchte- und Honigsenf bis zu Meerrettich- oder Tomatensenf. Meist sind sie »mittelscharf«. Aus **Senfpulver** kann sich jeder selbst »seinen« Senf zusammenmischen – mit etwas Wasser oder Wein und den jeweils bevorzugten Kräutern und Gewürzen.

## Vom Sekt zum Dessert:

# SORBET

*Leonore Capell:* Es passiert ja nicht oft, aber nach einer Party bleibt manchmal Sekt oder Champagner übrig. Was kann ich damit anfangen, Manfred?

***Manfred Stocker:*** Machen Sie ein Sorbet …

***LC:*** Aber ich hab keine Eismaschine!

***MS:*** Es geht auch ohne, und zwar mit folgenden Tricks:

**Trick Nr. 1:** Läuterzucker gegen Eiskristalle – mischen Sie Saft, zum Beispiel frisch gepressten Orangensaft, mit halb so viel Läuterzucker (Rezept siehe RUMKUGELN). Dann gibt es im fertigen Sorbet keine störenden Eiskristalle.

**Trick Nr. 2:** Sekt zum Saft – geben Sie 1 großzügigen Schuss übriggebliebenen Sekt dazu. Sein Alkoholaroma mildert die Süße des Saftes. Wenn Sie Abwechslung wollen, können Sie auch Campari nehmen. Der färbt sehr schön und gibt dem Ganzen ebenfalls einen pikanten Geschmack. Möchten Sie das Orangenaroma verstärken, nehmen Sie 1 Schuss Grand Marnier (Orangen-Cognac-Likör). Zu Johannisbeersorbet passt zusätzlich zum oder anstatt Sekt auch Cassis (Johannisbeerlikör) und zu Himbeersorbet natürlich 1 Schuss Himbeergeist.

**Trick Nr. 3:** Kaltes Wasserbad – stellen Sie alles zum Mischen in eine Schüssel mit Eiswürfeln und etwas Wasser, damit die Flüssigkeit kalt in den Tiefkühler kommt. Dann friert das Sorbet schneller.

**Trick Nr. 4:** Selber rühren – stellen Sie das kalte Getränk mit dem Schneebesen darin in den Tiefkühler und rühren Sie alle 10–15 Minuten einmal gut durch. Dann bekommen Sie ganz ohne Eismaschine ein cremig-geschmeidiges Sorbet.

***LC:*** Wie lange muss man rühren?

***MS:*** Bei einer Menge für 4 Sorbets? Circa 3 Stunden.

***LC:*** Aber dann muss ich ja den Sorbetauftritt genau timen …

***MS:*** Müssen Sie nicht. Sie sollten die Masse nach den drei Stunden für einige Zeit aus dem Tiefkühler nehmen und dann wieder hineinstellen. Gut umrühren vor dem Servieren macht das Sorbet wieder weich.

**Trick Nr. 5:** Champagner nachgießen – füllen Sie die Sorbetkugeln in ein Glas (mit dem Eisportionierer oder mit einem Esslöffel, mit dessen Hilfe Sie Nocken, also Klößchen, formen) und gießen Sie es mit Sekt oder Champagner auf. Der kann ruhig 2–3 Tage alt sein. Wenn er mit einem Spezial-Sektkorken aus dem Weinladen verschlossen wurde, hat er noch Kohlensäurebläschen.

*Der Sorbettrick, wenn Sie keine Eismaschine haben: Sorbetsaft in einer Schüssel in den Tiefkühler und alle 15 Minuten gründlich durchrühren – bis daraus Eis geworden ist.*

## Damit Pasta »al dente« wird:

# SPAGHETTI

***Leonore Capell:*** Makkaroni, Fussili, Spaghettini, Spaghetti – Nudelsorten fallen mir viele ein. Ich weiß auch, dass sie alle »al dente« am besten schmecken, aber wie man diesen »Biss« hinkriegt …
***Manfred Stocker:*** Dabei ist die Sache wirklich einfach.

**Trick Nr. 1:** Ein großer Topf mit richtig salzigem Wasser – Nudeln, also auch italienische Pasta, müssen immer locker in kochendem Wasser schwimmen, sonst verkleben sie und garen nicht richtig durch. Das Wasser darf ruhig etwas versalzen schmecken, damit die Nudeln schon beim Kochen Aroma annehmen.
**Trick Nr. 2:** Erst Olivenöl, dann die Pasta – bevor Sie Nudeln ins kochende Salzwasser geben, kommt ein Schuss Öl obendrauf. Spaghetti und andere Pasta sollen durch das Öl ins Wasser gleiten. So legt sich ein hauchdünner Film um jede Nudel und verhindert, dass ihre Stärke austritt und alles miteinander verklebt. Ab und an umrühren hilft auch. Je besser die Pasta ist, je mehr wertvoller Hartweizen statt Einfachmehl zur Herstellung verwendet wurde, umso weniger kleben sie. Billigpasta kann man deshalb vor dem Kochen kurz in kaltem Wasser abspülen. Je weniger Stärke das Wasser grau färbt, umso besser ist das verwendete Mehl.

***LC:*** Ich weiß nie, wie viel Spaghetti ich kochen soll …
***MS:*** Pro Person rechnet mal bei allen Nudeln circa 100 g. Jemand hat mal ausgerechnet, dass das genau 187 Spaghetti sein sollen – plus 1/2 Langnudel. Per Augenmaß brauchen Sie gerade so viele Spaghetti, wie Sie locker mit einer Hand halten können.

**Trick Nr. 3:** Deckel weg – Pasta wird grundsätzlich ohne Deckel auf dem Topf gekocht, damit der Wasserdampf frei entweichen kann. Auch das verhindert Verkleben.
**Trick Nr. 4:** Anleitung auf der Verpackung lesen und probieren – auf den Nudelverpackungen steht, wie lange der Inhalt nach Tests der Hersteller kochen soll. Ich finde das meist zu lang und ziehe 1–2 Minuten ab. Also fischen Sie so lange (kurz vor Ende der angegebenen Kochzeit) eine Nudel aus dem Wasser und probieren Sie, bis Sie nach einem Blick auf die Uhr »Ihren« Al-dente-Punkt im Gedächtnis gespeichert haben.

***LC:*** Müssen Spaghetti nach dem Kochen kalt abgeschreckt werden?
***MS:*** Nein. Das soll ja verhindern, dass sie zusammenkleben, sobald sie aus dem Wasser sind, aber wenn Sie die Pasta gleich nach dem Abschütten in einem großen Sieb in eine Schüssel geben und sofort mit der vorbereiteten Sauce oder etwas Olivenöl übergießen, kleben sie nicht.
***LC:*** Wie mache ich Spaghetti wieder heiß, wenn ich zu viel gekocht habe? Und wie bewahre ich sie zwischendurch auf?
***MS:*** Gekochte Pasta hält sich im Kühlschrank 1–2 Tage, wenn sie gut abgedeckt ist. Zum Heißmachen geben Sie die Nudeln in ein Sieb und hängen das ganz kurz in kochendes Salzwasser, je nach Menge 1–3 Minuten. Dann kurz abtropfen lassen, mit 1 Schuss Olivenöl mischen, vielleicht ein paar frisch gehackte Kräuter dazu wie Basilikum, Petersilie oder Bärlauch oder ein Löffelchen Pesto (Rezepte siehe PESTO) plus geriebenem Parmesankäse, und die Spaghetti schmecken perfekt italienisch.

Für Fisch, Käse, Gemüse und Obst:

# SPECKWICKEL

***Manfred Stocker:*** Eine schöne Abwechslung für schnelle Snacks sind Speckwickel …

***Leonore Capell:*** Aber Speck ist entsetzlich fett! Und sein Fett ist ungesund! Es enthält Unmengen an Cholesterin und schadet dem Herz!

***MS:*** Na ja, ganz so schlimm ist es nicht. Das meiste Fett wird ja ausgebraten und weggeschüttet. Außerdem verwendet man zum Wickeln keinen superfetten, sondern mageren Bauch- oder Frühstücksspeck, der nur dünne Fettstreifen enthält.

***LC:*** Also, wenn das so ist – was kann ich denn einwickeln?

***MS:*** Ich nehme zum Beispiel gern

**Armagnac-Pflaumen:** Die gibt's fertig zu kaufen. Es sind besonders aromatische Trockenpflaumen, die mit Armagnac, dem französischen Cognac-Verwandten, mariniert wurden. Sie können natürlich auch normale Backpflaumen (ohne Stein!) nehmen, Die müssen dann vorher für circa 1/2 Stunde in einen guten Schnaps wie Armagnac, dunklem Rum oder etwa Zwetschgenwasser (ein Schnaps! Es heißt nur aus Traditionsgründen »Wasser«, weil es so klar ist!) eingelegt und 1 x aufgekocht werden. Wickeln Sie diese Pflaumen in dünn geschnittenen Speck. Stecken Sie den Speckwickel mit einem Zahnstocher fest. Aus Holz! Kein Plastik! Stechen Sie ihn einfach durch das ganze Päckchen. Dann braten die Speckpflaumen auf einem Blech im 200 Grad heißen Backofen rund 10 Minuten, bis das Fett aus dem Speck ausgelaufen und er kross ist. Außerdem wickle ich gern blanchierte



**Keniaböhnchen** in Speck (Blanchieren siehe BRUSCETTA). Das sind besonders dünne, elegant

STOCKER

*Was schmeckt im krossen Speckmantel noch besser als pur? Meisterkoch Manfred Stocker zeigt seiner Mitköchin, der Schauspielerin Leonore Capell, seine Vorschläge: Armagnac-Pflaumen, Keniaböhnchen, Seeteufelwürfel und Ziegenkäse.*

schmeckende Schnittbohnen, die ursprünglich mal aus Kenia kamen. Blanchiert werden sie, damit sie vorm Wickeln schon etwas vorgegart sind und ihre grüne Farbe beim Fertiggaren nicht verblasst. Vor dem Einwickeln salze und pfeffere ich sie nur noch etwas. Die Wickel werden wie bei den Armagnac-Pflaumen mit einem Zahnstocher befestigt und im 200 Grad heißen Backofen 10 Minuten gebraten. Sehr gut schmeckt auch

**Seeteufel** im Speckmantel. Dieser Salzwasserfisch hat ein besonders festes und aromatisches Fleisch. Die auf Mundgröße geschnittenen Stücke vom rohen Fischfilet werden vor dem Einwickeln nur leicht gesalzen. Zahnstocher mitten durch und dann in einer mittelheißen Pfanne in sehr, sehr wenig Fett braten. Der Speck hat schließlich selbst genug. Der nächste Tipp heißt

**Ziegenkäse:** Wickeln Sie mundgroße Würfel davon in die Speckstreifen, stecken Sie sie mit einem Zahnstocher fest und braten Sie alles wie Pflaumen oder Böhnchen im Backofen. Der Käse ist ja verhältnismäßig fettarm. Er schmilzt deshalb nicht.

Anrichten können Sie die Wickel zum Beispiel mit etwas geschmortem Minikürbis (in Würfel schneiden, in Butterschmalz anschmoren, mit Salz, Pfeffer, eventuell Chili abschmecken), ein paar Kapern und Pesto (Rezepte siehe KÜRBIS-SAMTSUPPE und PESTO).

***LC:*** Welche Getränke soll ich servieren, wenn ich meine Gäste mit Ihren raffinierten Speckhäppchen verwöhne?

***MS:*** Was Sie und Ihre Gäste am liebsten trinken – vom österreichischen Winzersekt bis zu einem jungen Rotwein oder einem Glas Bier. Die Weine sollten auf jeden Fall trocken ausgebaut sein, leicht und frisch. Weiße Spät- und Auslesen oder ein schwerer, alter Rotwein passen mit ihrem eigenen Aromareichtum nicht zu so kräftig schmeckenden Snacks.

**Rinderfilet richtig braten:**

# STEAK

***Leonore Capell:*** Was ist das – es ist zäh wie Leder, sieht aus wie ein Brikett und schmeckt nach gar nichts? Ein von mir gebratenes Steak. Manfred, wie krieg ich das richtig hin?

***Manfred Stocker:*** Erklären Sie mir erst mal, wie Sie aus einem zarten Rinderfilet ein hartes Brikett machen.

***LC:*** Ich lasse eine Pfanne sehr heiß werden. Das hab ich bei Ihnen gelernt. Dann gieße ich Olivenöl hinein. Ich steche die Gabel in das Fleisch und leg's so ins rauchende Öl …

***MS:*** Leider schon zwei dicke Fehler: Sie sollten nie Olivenöl zum Steakbraten nehmen. Das verbrennt bei der benötigten Hitze. Und man soll auch nicht mit der Gabel ins Fleisch stechen. Dann verliert es durch die Löcher Saft. Besser geht's so:

**Trick Nr. 1:** Geklärte Butter statt Olivenöl – da das in Butter enthaltene Eiweiß entfernt wurde, hält sie genügend Hitze aus, aber die oberste Temperaturstufe muss trotzdem nicht sein. Die mittlere reicht, damit das Steak eine Kruste bekommt. Butter liefert im Übrigen auch geklärt ihr feines Aroma.

**Trick Nr. 2:** Weg mit der Gabel – durch ihre Löcher tritt Saft aus, und dieser Saftverlust macht das Steak zäh. Legen Sie das Fleisch, gut abgetrocknet, damit das heiße Fett nicht spritzt, mit der Hand in die Pfanne. Die Haut hält diesen Minimoment Hitze aus. Oder benutzen Sie einen Bratenwender.

**Trick Nr. 3:** Im Ofen statt in der Pfanne garen – braten Sie das Steak 1 Minute auf jeder Seite an.

Es soll nur schön braun werden. Geben Sie es dann in der Pfanne in den auf 200 Grad vorgeheizten Backofen, dann brät das Fleisch dort durch.

**Trick Nr. 4:** Ruhe für das Fleisch – nach circa 8 Minuten holen Sie die Pfanne aus dem Ofen, übergießen das Steak mit frischer geklärter Butter, heiß gemacht natürlich. Streuen Sie fürs Extra-aroma etwas Rosmarin und Thymian drüber (Vorsicht! Thymian spritzt dabei leicht!), und dann gönnen Sie dem Rinderfilet ungefähr 10 Minuten Ruhezeit neben dem Herd, damit sich der Saft und damit sein Aroma in dem verhältnismäßig dick geschnittenen Fleisch gleichmäßig verteilen kann. Danach ist es innen gleichmäßig rosa. Ohne Ruhezeit bleibt nach dem schnellen Anbraten bei großer Hitze oft ein roher Kern in der Mitte.

**Trick Nr. 5:** Wieder aufwärmen – vor dem Essen kommt das Steak noch mal 2–3 Minuten in den Ofen, damit Sie es heiß servieren können.

## Wie »gar« ist das Steak?

Um das festzustellen, verlassen wir Profis uns auf unser Daumengefühl. Wir drücken das Fleisch an der dicksten Stelle mit der Fingerspitze ein. Je mehr es nachgibt, desto roher ist es. Azubis lernen es so: Sie drücken mit jeder Fingerkuppe der linken Hand oben auf den linken Daumen – und gleichzeitig mit einem Finger der rechten auf den Daumenballen. Wie fühlt sich's dort an? Hart oder weich? Das muss man sich merken! Dann drücken Sie, egal mit welchem Finger, auf die dickste Fleischstelle eines gebratenen Steaks. Wie fühlt sich das im Vergleich an? Die Regel:

**»Blau«**, also kurz gebraten, fast roh, blutig – wie der Daumenballen, wenn Sie den Zeigefinger gegen den Daumen drücken.

**»Englisch«**, also mit rohem Kern – wie Mittelfinger.

**»Medium«**, also innen noch zartrosa – wie Ringfinger.

**»Durch«** oder **»well done«**, also mit grauem Kern, ganz durchgebraten – wie kleiner Finger.

Ein ganz kurzer Druck genügt, um die Garstufe zu erkennen. Das hält jeder aus, ohne sich dabei die Finger zu verbrennen!

**Rezept für geklärte Butter:**

- Lassen Sie reichlich Butter in einem Topf schmelzen, am besten gleich 1 kg, damit Sie einen Vorrat haben.
- Schalten Sie die Temperatur zurück, damit die Butter nicht bräunt, oder legen Sie ein Grillgitter zwischen Herdplatte und Topf.
- Schöpfen Sie den aufsteigenden Schaum, der aus Molke gleich Eiweiß besteht, mit der Schaumkelle ab, denn er verträgt wenig Hitze und lässt Normalbutter leicht »verbrennen«. Ohne ihr Eiweiß hält Butter auch Frittiertemperatur aus, behält aber trotzdem das Butteraroma.
- Geben Sie die geklärte Butter durch ein Leinentuch, um letzte Eiweißreste zu entfernen. Dann hält sie sich im Kühlschrank fast »ewig«. Als »Butterschmalz« gibt es sie auch fertig zu kaufen.

***LC:*** Noch etwas zum Fleischkauf, Manfred. Ich weiß nie, nach welchem Stück ich eigentlich fragen soll. Soll ich wirklich alle Fachausdrücke auswendig lernen, bevor ich einkaufen gehe?

***MS:*** Nur Profis müssen die Unterschiede zwischen Schulterstück, Filet oder zum Beispiel Hüfte kennen, weil sie ja verschieden zart oder zäh sind. Sagen Sie Ihrem Metzger einfach, welches Gericht Sie kochen wollen, dann sucht er Ihnen das richtige Stück Fleisch aus. Das gilt fürs Steak ebenso wie für einen Tafelspitz.

## Vanille verjüngt das Altgemüse:
# STECKRÜBEN

***Leonore Capell:*** Also mich erinnern Steckrüben immer an meine Mutter. Sie erzählte, dass Steckrüben in der Nachkriegszeit nur gegessen wurden, weil's nichts anderes gab. Obwohl sie bitter waren. Manfred, warum tauchen sie jetzt auf Edelspeisekarten auf?
***Manfred Stocker:*** Früher hatte die Steckrübe wirklich einen schlechten Ruf, aber ein bisschen Nostalgie ist auch beim Kochen angesagt, besonders seit es Neuzüchtungen gibt, die nicht so herb und bitter sind wie ihre »Vorfahren«. Außerdem kombiniere ich Steckrüben natürlich anders als unsere hungrigen Eltern und Großeltern:

**Trick Nr. 1:** Die Karottensüße – kochen Sie die geputzten Steckrüben zusammen mit 1 grob gewürfelten Karotte (große Möhre). Die sieht zwischen den hellen Steckrüben nicht nur gut aus, sie gibt auch von ihrer Süße ab und verbessert so das gesamte Aroma. Karotte und Steckrüben kommen zusammen mit 1 klein geschnittenen Zwiebel, die in etwas Butterschmalz angeschwitzt wurde, und – für 2 Personen – circa $^{1}/_{2}$ l Gemüse- oder Fleischfond in einen breiten Topf, werden gepfeffert und gesalzen und köcheln circa 20 Minuten, bis sie bissfest sind.
**Trick Nr. 2:** Kartoffelbindung – »binden« Sie den Fond, das heißt: Reiben Sie einfach eine gekochte Kartoffel darüber und mischen Sie alles. Die Kartoffelstärke macht die Sauce sämig.
**Trick Nr. 3:** Vanillearoma – es passt perfekt zu der feinen Herbheit der Steckrüben. Schneiden Sie 1 Vanilleschote der Länge nach auf, kratzen Sie das Mark heraus und mischen Sie es mit dem Gemüse. Dann passen Steckrüben nicht nur zu Kasseler – so hat man sie früher gegessen –, sondern auch zu Hummer, zu feinem Fisch, Kalbfleisch, Geflügel und Wild.

**Superstars im Herbst:**

# STEINPILZE

***Leonore Capell:*** Er sieht wie ein Champagnerkorken aus und ist ebenso edel. Aber wie behandle ich einen Steinpilz richtig, Manfred?

***Manfred Stocker:*** Wenn es keine Trüffel gäbe, wäre Steinpilz wirklich der edelste Pilz von allen. Auf jeden Fall kommt er gleich an zweiter Stelle, und beim Einkaufen kann man darauf achten, dass er wirklich wie ein Champagnerkorken aussieht – mit rundem, geschlossenem Hut und einem unten breiter werdenden Stiel ohne Wurmlöcher oder matschige Stellen. Dann ist er perfekt.

***LC:*** Dann werfe ich die Steinpilze gleich mal zum Putzen ins Wasser.

***MS:*** Nein! Wie alle Pilze außer Morcheln darf auch der Steinpilz nicht ins Wasser. Dort würde er sich nur vollsaugen. Dann wird er beim Braten zäh. Richtig geputzt wird er mit einem trockenen oder feuchten Lappen, bis er frei von Nadeln, Sand und Erde ist. Meine Vorschläge zur Verwendung:

**Steinpilze trocknen**, dann hat man auch außerhalb der Saison das wunderbare Pilzaroma: Dazu werden sie in Scheiben oder Streifen geschnitten und im Backofen bei circa 120 Grad langsam getrocknet. Braucht man Steinpilzaroma für Suppen oder Saucen, müssen die Stücke nur in etwas warmem Wasser eingeweicht werden. Dieses Wasser kommt dann auch in die Sauce, weil es stark nach Steinpilz schmeckt. Noch einfacher zu dosieren und noch intensiver im Aroma ist **Steinpilzmehl:** Um das zu bekommen, werden die getrockneten Pilze in einer Pfeffermühle gemahlen.

**Steinpilze gebraten:** Die Pilze werden geputzt (Wurzelendstücke abschneiden!) und mit den Stielen in Scheiben, Hälften oder Viertel geschnitten (alle Stücke sollten etwa dieselbe Größe haben) und dann in einer Pfanne in schäumender Butter gebraten – mit klein geschnittenen und vorher in geklärter Butter angeschwitzten Schalotten. Ich gebe nach dem Braten gern in Ringe geschnittene Lauchzwiebeln dazu. Sie liefern Frischegeschmack. Dann müssen die Pilze nur noch gesalzen und gepfeffert werden. Sie schmecken pur so gut wie zu gebratenem Fleisch, besonders Wild, oder zum Beispiel Rührei.

*Wenn Steinpilze beim Einkauf wie Champagnerkorken aussehen, sind sie richtig. Hut und Stiel dürfen für Tellerpilze natürlich keine Matschstellen oder Wurmlöcher haben. Werden die Steinpilze getrocknet, können schlechte Stellen einfach ab- und herausgeschnitten werden.*

## »Global Food« Nummer eins:

# SUSHI

***Leonore Capell:*** Morgen will ich groß für meine Freunde kochen. Drei Gänge, klar, damit ich sie mit meinen Manfred-Stocker-Kenntnissen beeindrucken kann. Was soll ich als Vorspeise machen?

***Manfred Stocker:*** Wie wäre es mit Sushi? Dafür müssen Sie allerdings vorher in einem Asia-Shop oder einem gut sortierten Supermarkt mit Asienecke einkaufen – 1. eine circa 15 x 15 Zentimeter große Bambusmatte zum Sushi-Rollen, 2. so genannte Nori-Blätter, das sind dünne Matten aus Seetang, als Sushi-Umhüllung und 3. rundkörnigen »Sushi-Reis« (im Notfall tut's auch »Milchreis«). Dazu kommen Sojasauce, Reisessig und der superscharfe grüne Meerrettich Wasabi als Pulver, der mit Wasser angemischt wird.

- Kochen Sie den Reis nach Packungsvorgabe, circa 25 Minuten. Die Körner sollen noch ein klein wenig »Biss« haben, aber genügend Stärke abgeben, um gut aneinander zu kleben. Lassen Sie den Reis auskühlen und mischen Sie ihn mit einem kräftigen Schuss Reisessig. Der hat eine sehr feine Säure. Normalessig ist zu scharf für Sushi. Es reicht, wenn Sie den Reis erst kurz vor Beginn der Sushi-Zubereitung mit dem Essig marinieren.
- Befeuchten Sie ein trockenes Nori-Blatt mit etwas Wasser, so dass es geschmeidig wird. Legen Sie es auf die Bambusmatte.
- Breiten Sie etwas Reis auf dem Nori-Blatt aus – circa 1 cm dick und so, dass am Rand je 1 cm frei bleibt. Tauchen Sie dafür die Hände in ein Schüsselchen mit lauwarmem Reisessigwasser, dann kleben die Körner nicht so an den Fingern.

*1. Nori-Blatt auf Bambusmatte, darauf eine Reisschicht.*
*2. Rohe Fischstreifen auf den Reis.*
*3. Wasabi auf den Fisch und*
*4. Das Ganze mit Hilfe der Bambusmatte aufrollen.*
*5. In mundgerechte Stücke schneiden.*

1

2

3

4

5

- Mischen Sie etwas grünes Meerrettichpulver mit Wasser an. Es soll eine feste Paste entstehen.
- Schneiden Sie rohes Thunfischfilet in dünne Streifen und legen Sie einen auf den Rand der Reisfläche.
- Bestreichen Sie es mit angerührtem Wasabi. Vorsicht! Der Japanrettich ist extrem scharf.

- Rollen Sie die Bambusmatte vorsichtig auf und dann ein paarmal mit der Handfläche hin und her. Die Sushi-Rolle soll schön gleichmäßig rund werden.
- Legen Sie die Rolle auf ein mit Essigwasser bestrichenes Brett und schneiden Sie sie mit einem sehr scharfen Messer, das Sie vorher ebenfalls ins Reisessigwasser getaucht haben (damit es nicht klebt!) in sechs Stücke. Servieren Sie die Sushi zusammen mit Sojasauce, Wasabi für die Schärfefreunde und zum Beispiel marinierten Ingwerscheiben oder Shiitake-Pilzen.

***LC:*** Wenn ich 4 Gästen je 6 Sushi servieren will – wie viel Reis muss ich dann kochen, Manfred?

***MS:*** Circa 2 Tassen Reis in 4 Tassen kaltem Wasser, das auf wenig Hitze langsam zum Köcheln gebracht wird.

*Die Nagiri-Sushi im Vordergrund? Nur Sushireis mit Auflagen.*

## Spanien für zu Hause:
# TAPAS

***Leonore Capell:*** Tapas-Bars gibt's ja auch in Deutschland schon an fast jeder Ecke, und ich geh gern hin. Noch lieber würde ich aber Tapas mal zu Hause machen …

***Manfred Stocker:*** Wissen Sie, was Tapas heißt? Es ist das spanische Wort für »Deckel«. Zu Tapas trinkt man ja in Spanien ein Glas Sherry. Oft im Freien. Der Sherryduft zieht aber Mücken an. Deshalb legen Spanier seit langem kleine Brote wie Deckel über die Sherrygläser, und die Wirte servieren Kleinigkeiten dazu, eingelegte Tomaten, Oliven, Scheiben vom Serrano-Schinken. Aber es gibt auch Raffinierteres, zum Beispiel:

**Sardellen-Tapas:** Dafür brauchen Sie frische Sardellen. Das sind kleine Vettern des Herings. Man bekommt sie in guten Fischgeschäften, auf jeden Fall auf Vorbestellung. Die Sardellen, 2 Stück pro Brot, salzen Sie etwas, streuen ein paar Kräuter wie fein gehacktes Basilikum, Kerbel oder Thymian darüber, wälzen sie in Mehl und braten sie in heißem Fett. Im Ganzen, denn sie sind so klein, dass man Kopf und Schwanz mitessen kann. Wenn Sie wollen, können Sie zum Schluss noch etwas Olivenöl über die frittierten Sardellen träufeln.

**Leber-Tapas:** Dafür lassen Sie eine Pfanne sehr heiß werden. Das ist wichtig, weil dann die Leber ganz schnell brät, ohne hart zu werden. Nehmen Sie Kalbs- oder Geflügelleber, die schmeckt am feinsten. Braten Sie Leberscheiben in Brotgröße oder Leberwürfel schnell von beiden Seiten an, höchstens 1 Minute. Sie werden gesalzen und gepfeffert. Dann kommen noch klein gewürfelte Schalotten in die Pfanne, ein paar gehäutete und entkernte Tomatenstücke (Tomaten häuten siehe BRUSCETTA), etwas fein geschnittene Petersilie. Und nun der Trick: Löschen Sie den Fond mit einem Schuss Balsamico-Essig ab (Wissenswertes zu Balsamico siehe LINSEN) und lassen Sie alles ganz kurz durchköcheln. Dann bekommt die Leber ein besonders gutes Aroma. Verteilen Sie nun alles auf vorgeröstete Weißbrotscheiben, vielleicht noch etwas Olivenöl drübergeben sowie frischen Majoran – und genießen.

*Der Unterschied zwischen Spanien-Tapas und italienischen Antipasti? In Madrid gibt es eher Rohes oder Gebratenes als Mariniertes wie in Rom.*

**Italiens Lieblingsdessert neu:**

# TIRAMISU-PARFAIT

***Manfred Stocker:*** Das jüngste Geschenk der italienischen Küche an die Deutschen ist das In-Dessert Tiramisu. Seit Anfang des neuen Jahrtausends muss es auf allen Speisekarten stehen ...

***Leonore Capell:*** Es schmeckt ja auch so gut!

***MS:*** Tut es, aber mich langweilt's. Deshalb möchte ich Ihnen zur Abwechslung ein Tiramisu-Parfait vorschlagen, eine Art »Eisbombe«. Genau richtig, wenn Sie mal Gäste haben:

- ▶ Für eine Terrinenform (6 Portionen) rühren Sie 3 Eigelb und circa 100 g Zucker (etwa 10 Esslöffel) schaumig.
- ▶ Lassen Sie 1/8 l Milch aufkochen. Geben Sie sie zum Zuckereigelb und rühren Sie sie mit einem Gummischaber über einem gut warmen Wasserbad um – so heiß, dass Sie gerade noch hineinfassen können –, bis Sie die Masse zu einer Rose abziehen können.

***LC:*** Was soll das denn heißen, Manfred?

***MS:*** Entschuldigung, ein Küchenfachausdruck. Die Milch-Eier-Zucker-Mischung soll so sämig werden, dass beim Durchrühren das stilisierte Bild einer offenen Rose entsteht. Dann tropft die Masse nur noch langsam vom Gummischaber, fließt aber nicht mehr.

***LC:*** Warum der Gummischaber?

***MS:*** Damit können Sie die Mischung am besten vom Schüsselrand in die Mitte »kratzen«.

- Passieren Sie die Masse durch ein Sieb, um eventuell entstandene Klümpchen zu entfernen, und schlagen Sie alles so lange mit dem Handrührgerät oder einem Schneebesen, bis es richtig schön schaumig ist.
- Verrühren Sie circa 250 g Mascarpone mit derselben Menge steif geschlagener Sahne (150 g) und ziehen Sie die Mischung unter die schaumige Eiermasse.
- Schneiden Sie circa 15 Löffelbiskuits grob würfelig. Tränken Sie die Würfel mit etwas Rum und starkem Mokka – die Biskuits sollen nur feucht werden, aber sich nicht völlig auflösen.
- Ziehen Sie die Biskuits zusammen mit weiteren 100 g steif geschlagener Sahne (circa 10 Esslöffel voll) unter die Mascarponemasse.
- Legen Sie die Terrinenform mit Klarsichtfolie aus – dann lässt sich das Parfait später besser herausheben –, füllen Sie das Tiramisu hinein und stellen Sie die Terrine für mindestens 4 Stunden in den Tiefkühler.
- Stürzen Sie die Terrine auf einen großen Teller, ziehen Sie die Folie ab, bestreuen Sie alles mit durchgesiebtem Kakao (Klümpchen auf dem Parfait sehen unprofessionell aus) und schneiden Sie das Tiramisu-Parfait in circa 1 Zentimeter dicke Scheiben. Garniert werden die Scheiben auf Tellern mit frischen Beeren und Minzblättchen.

## So bekommt er Geschmack:

# TOFU

***Leonore Capell:*** Sojaprodukte sollen ja wahnsinnig gesund sein. Tofu zum Beispiel ist cholesterin-, gluten-, laktose-, fast kalorienfrei – geschmacksfrei leider auch. Wie kriegen Sie Aroma rein, Manfred?

***Manfred Stocker:*** Dieser weiße Sojabohnenquark ist pur wirklich kein großer Genuss, aber schneiden Sie ihn mal in Würfel und marinieren Sie ihn nur in Sojasauce und etwas Sesamöl. Schon schmeckt er richtig gut. Mein Vorschlag: Machen Sie daraus **Tofu in Tempura** gebacken und servieren Sie den Sojaquark dann zum Beispiel mit **asiatischem Glasnudelsalat**.

**Trick Nr. 1:** Benutzen Sie Tempura-Mehl aus dem Asia-Laden zum Frittieren. Das ist feiner als unseres …

***LC:*** Was heißt eigentlich »Tempura«?

***MS:*** Angeblich ist es eine Verballhornung von »temporas« gleich Fastenzeit. Japaner lernten es von den ersten portugiesischen Seeleuten und Missionaren, die sich bei ihnen im 16. Jahrhundert einnisteten und in der von der Kirche vorgeschriebenen Fastenzeit zum Beispiel kleine Fische in einer Panade aßen. Das gefiel den Einheimischen so gut, dass sie's übernahmen. Im 20. Jahrhundert kam Tempura dann mit dem Boom der japanischen Küche wieder nach Europa. Aber zurück zu den Tricks …

**Trick Nr. 2:** Mischen Sie das Tempura-Mehl mit etwas Curry, damit die Panade mehr Geschmack bekommt.

**Trick Nr. 3:** Rühren Sie den Tempura-Teig statt mit Normal- mit etwas Mineralwasser an. Seine Kohlensäure wirkt wie Backpulver als Treibmittel. Sie macht den Teig locker. Er soll so dünn wie für Crêpes sein, also nur etwas dicker als Wasser. Jetzt müssen Sie die marinierten Tofuwürfel nur noch durch den Teig ziehen und in heißem Erdnussöl schwimmend ausbacken.

***LC:*** … und auf Küchenpapier abtropfen lassen, damit ich nicht so viel Fett esse.

**Glasnudelsalat-Rezept:**

- Erhitzen Sie eine Pfanne und geben Sie dann etwas Erdnussfett dazu. Auch das gibt's im Asia-Laden.
- Geben Sie für 2 Portionen zum Beispiel 100 g Trompetenpilze dazu, Shiitake- oder Austernpilze, 1 klein gewürfelte Karotte, ½ Stange Lauch gleich Porree in Ringen und 5–10 Zuckerschoten. Alles leicht mit Salz würzen und nach ungefähr 3–4 Minuten mit 1 Schuss Sojasauce ablöschen. 1–2 Teelöffel Sesamsamen betonen den asiatischen Geschmack. Zum »Salat« wird das Ganze durch 1 großzügigen Spritzer Reisessig.
- Kochen Sie Glasnudeln nach Packungsangaben und schwenken Sie sie einmal in der Pfanne durch. Verteilen Sie den heißen Salat auf Tellern.
- Legen Sie die knusprigen Tofuwürfel im Tempurateig obendrauf, und Sie haben ein perfektes vegetarisches Asiengericht. Mit sehr schmackhaftem Tofu!

**Total farblos und sehr aromatisch:**

# TOMATENESSENZ

***Leonore Capell:*** Gemüsesäfte sollen ja wahnsinnig gesund sein, aber irgendwann werden sie langweilig ... Wissen Sie was Neues für Gesundheitsfreaks, Manfred?

**Manfred Stocker:** Wie wär's mit kristallklarem Tomatensaft?

***LC:*** Haben Sie irgendwo weiße Tomaten entdeckt? Albinotomaten?

***MS:*** Nein, die gibt's nicht, aber es ist ganz einfach, diese Essenz herzustellen:

- Nehmen Sie möglichst vollreife Tomaten. Flaschen- oder Strauchtomaten finde ich am besten. Die Früchte dürfen auch etwas überreif sein. Schneiden Sie dunkle Stellen ab, den Strunk raus und dann alles grob in Stücke.
- Geben Sie die Tomatenstücke in den Mixer, mit Pfeffer, Salz, 1 Schuss Gin und etwas Chilipulver zur geschmacklichen Aufmunterung. Dann wird kurz püriert. Der Mix ist aber immer noch tomatenrot!
- Legen Sie ein Tuch über ein Sieb, das auf einem Topf liegt. Das Tuch muss feucht sein, damit das Tomatenfleisch sich nicht festsaugt und die Weblöcher verstopft.
- Nun kommen die Tomaten ins Tuch und werden 3-4 Stunden vergessen. Dann ist der klare Saft durchgetropft. Drücken Sie das Tuch nicht aus. Dabei würden wieder Farbstoffe in die Tomatenessenz fließen. Die Rückstände eignen sich noch für eine rote Tomatensuppe.

***LC:*** Was macht man jetzt mit dieser Essenz?

***MS:*** Gut gekühlt als Appetitanreger, als so genanntes Amuse geules, trinken oder Ihren Freunden in kleinen Mokkatässchen als Voraussuppe servieren.

## Superdünn, saftig und kross:

# WIENER SCHNITZEL

***Leonore Capell:*** Nachdem ich fünf Jahre in Wien gelebt hatte, war ich verliebt in die Stadt – und in Wiener Schnitzel. Aber nur, wenn's gut gemacht ist. Das Fleisch in der Semmelbrösel-Eierkruste muss sehr dünn sein, die Panade selbst leicht und locker. Wie bekomm ich das zu Hause hin, Manfred?

***Manfred Stocker:*** Selbst in österreichischen Beisln, also in den Gasthäusern meiner Heimat, können das nicht alle Köche, aber Sie schaffen das, Leonore!

**Trick Nr. 1:** Bestes Kalbfleisch – für ein echtes Wiener Schnitzel muss es immer Kalb sein, und zwar Fleisch aus der Keule oder dem Rücken. Lassen Sie es sich beim Metzger dünn in Schnitzelform schneiden.

**Trick Nr. 2:** Die richtige Panade – mir ist das Paniermehl, das es fertig zu kaufen gibt, immer zu grob. Es verbindet sich nicht richtig mit dem gequirlten Ei und fällt beim Braten von der großen Fläche eines Schnitzels ab (für Backhendl geht's meistens). Deshalb sollte man Fertigbrösel für die Schnitzelpanade immer noch einmal durch den Mixer jagen oder durch eine Gewürzmühle.

**Trick Nr. 3:** Die »Dicke« des Schnitzels – je dünner, desto besser. Deshalb lege ich Schnitzel immer zwischen Folien und klopfe sie mit dem Plattiereisen richtig flach. Keinen Hammer benutzen, dessen Kopf ist zu klein. Wer kein Plattiereisen hat, kann mit dem Boden eines schwereren Stieltopfes aufs Fleisch klopfen.

Alles vorbereitet? 1 Teller mit sehr feiner Panade? Plus 1 Teller mit verquirltem Ei? Dann brauchen Sie nur noch 1 Teller mit Mehl:

- Schnitzel salzen, erst im Mehl wenden, dann durch das Ei ziehen, schließlich auf die Semmelbrösel legen und weitere Panade obendrauf geben. Leicht schütteln, damit überflüssige Brösel abfallen. Nie andrücken! Die Panade soll ja beim Backen wie ein Soufflé aufgehen! Das kann sie nur, wenn sie dünn ist.
- Panierte Schnitzel schwimmend in heißer geklärter Butter (oder Butterschmalz) goldbraun backen, je circa 1 Minute pro Seite.
- Serviert wird Wiener Schnitzel klassisch mit Zitronenachteln, weil ihr Saft den gewünschte säuerlichen Frische-Touch gibt, und mit Kartoffel-Gurken-Salat.

*So sieht das perfekte Wiener Schnitzel aus: ohne Lücken in der Panade, goldgelb und sehr dünn. Dazu gehören Kartoffel-Gurken-Salat und Kürbiskernöl.*

**Kartoffel-Gurken-Salat-Rezept für 2 Personen:**

- Während 8 mittelgroße Kartoffeln in Salzwasser kochen, würfeln Sie 1 mittelgroße Zwiebel - noch besser: 3 große Schalotten, weil ihr Aroma feiner ist. Die werden in circa 1/4 l Brühe aufgekocht, mit 3-4 Esslöffeln sanftem Tafelessig (nur 5 Prozent Säure), 4 Esslöffeln Pflanzenöl, Salz und Pfeffer zur Salatsauce gemischt.
- Schälen Sie die heißen Kartoffeln, schneiden Sie sie in dünne Scheiben und geben Sie sie zu der warmen Vinaigrette. Streuen Sie Ringe von Lauchzwiebel und fein geschnittenen Schnittlauch darüber.
- Schälen Sie eine kleine Salatgurke und schneiden Sie sie in dünne Scheiben. Die werden gesalzen und ruhen dann rund 10 Minuten.
- Mischen Sie die Gurken unter den Kartoffelsalat. Richten Sie ihn auf Tellern an und beträufeln Sie alles mit etwas Kürbiskernöl. Das sieht sehr hübsch aus.

***LC:*** Ich habe mal gehört, dass das Wiener Schnitzel gar nicht in Wien erfunden wurde, sondern in Italien. Stimmt das, Manfred?

***MS:*** Wahrscheinlich. Als der österreichische Kaiser noch Norditalien beherrschte, lernten seine Soldaten dort auch »Piccata milanese« kennen, Kalbsschnitzel in einer Panade aus Ei und geriebenem Parmesan. Der Koch von Feldmarschall Radetzky brachte es nach Wien, die Semmelbrösel in die Panade und die Zitronenscheibe aufs Fleisch.

## Fürs extraknackige Gemüse:

# WOK

***Leonore Capell:*** Warum ist Gemüse aus dem Wok eigentlich knackiger als aus unseren Pfannen? Und was heißt Wok überhaupt?

***Manfred Stocker:*** Der Rundtopf stammt aus China, und sein Name bedeutet dort einfach Kochgeschirr. Der wichtigste Trick, um das Gemüse im Wok knackig zu bekommen, ist die Arbeit mit dem Kochlöffel: Er muss das Gemüse immer wieder von unten an den Rand befördern, damit es nicht anbrennt, sondern gleichmäßig gart. Deshalb sagen manche zum Wok-Kochen auch Pfannenrühren. Aber es gibt noch mehr Dinge, die ein Wok-Besitzer wissen sollte:

**Trick Nr. 1:** Große, gleichmäßige Hitze weit über den untersten Topfpunkt nach oben – weil der Wok einen Kugelboden hat und keinen geraden wie unsere Töpfe. Deshalb braucht man einen Gasherd. Oder einen Campingkocher mit Gas. Damit die Flammen mindestens bis in halbe Wok-Höhe heizen. Elektrisch beheizte Woks für das Garen auf dem Tisch sind noch sehr teuer.

**Trick Nr. 2:** Alle Zutaten müssen so zugeschnitten werden, dass sie gleichzeitig gar werden – Möhren oder Sellerie also sehr klein. Bei schnell garenden Zuckerschoten reicht 1 x durchschneiden. Oder …

**Trick Nr. 3:** Gemüse nicht gleichzeitig in den Wok geben – immer erst die harten Gemüsesorten anschwitzen, dann die weichen.

**Trick Nr. 4:** Sehr hitzebeständiges Öl – zum Beispiel Erdnussöl, das auch Erdnussbutter genannt wird, denn die gibt außerdem ein gutes Aroma. Sie kommt in den leer erhitzten Wok. Fängt sie zu rauchen an, geben Sie das Gemüse zu, zum Beispiel Shiitake-Pilze, dann klein gewürfelte

Paprika, etwas fein geschnittenen Porree, klein gewürfelte Schalotten und ganz zum Schluss, nur zum Erhitzen, frische Soja- oder andere Sprossen. Sie dürfen beim Wok-Gemüse nicht fehlen. Und nicht vergessen: Das Gemüse immer wieder vom Boden auf den etwas kühleren Rand schieben, damit nichts verbrennt. Ruhig Öl nachgießen, wenn alles zu trocken aussieht. Das liefert weiteres Erdnussaroma, und das Gemüse brät darin knackig.

**Trick Nr. 5:** Mit Sesam, Ingwer und Sojasauce würzen – Sesamsamen schmecken nussig, klein gewürfelter Ingwer liefert aromatische Schärfe. Danach kommt fein geschnittener Chinakohl dazu, um die Gemüsemenge etwas zu vergrößern, und alles wird mit 1 Spritzer Sojasauce abgelöscht. Frischer Koriander und 1 Schuss Sesamöl verstärken das China-Aroma. Ob Sie das Gemüse nur mit Salz abschmecken – Vorsicht! Sojasauce ist schon sehr salzig – oder mit Cayennepfeffer, also Chili, bleibt Ihrem Geschmack überlassen.

***LC:*** Welche Getränke passen zu Wok-Gerichten, Manfred?

***MS:*** Die Chinesen trinken natürlich Tee oder Reiswein dazu, aber ein säurereicher Riesling passt auch – oder ein leichter Rotwein.

***LC:*** Wenn nun aber jemand lieber Bier zum Essen trinkt – blamiert er sich in einem feinen Restaurant mit dieser Wahl?

***MS:*** Heute nicht mehr. Die Etiketteregeln sind lockerer geworden. Wenn also jemand Bier bestellt, bekommt er es – auch wenn ein guter Sommelier etwas anderes vorschlagen würde.

***LC:*** Ein Sommelier ist im Restaurant für die Weinempfehlungen zuständig, klar, aber woher kommt sein sonderbarer Titel?

***MS:*** Vom altfranzösischen »somme« gleich Amtspflicht. Der Sommelier kümmerte sich in Klöstern ums Geschirr, das Brot und den Wein. Heute bedient er nicht nur als Kellner, sondern kümmert sich auch um den Wein – vom Einkauf bis zur Empfehlung an den Gast.

**Fein gefüllt und elegant gewickelt:**

# WRAPS

***Leonore Capell:*** Ich lass mich nicht so leicht einwickeln. Trotzdem bekomm ich bei Fingerfood-Partys seit Neuestem so genannte Wraps, also Eingewickeltes. Woher sind die plötzlich aufgetaucht, Manfred? Und: Wie wickle ich richtig?

***Manfred Stocker:*** Wraps stammen aus Mittelamerika. Es sind ja mexikanische Tortilla-Fladen aus Maismehl, die mit irgendetwas gefüllt werden. Amerikanern gefielen sie. Bald gab's sie in den USA in Fastfood-Imbissen als »Wraps«, und heute servieren sie sogar feine Restaurants für Partys. Wie wär's also mit einem **Tomaten-Mozzarella-** und einem **Räucherlachs-Grünspargel-Wrap**?

- Kaufen Sie sich fertige Tortilla-Fladen. Die gibt's in guten Supermärkten, und sie sparen Arbeit.
- Bestreichen Sie jeden Fladen, den Sie belegen wollen, mit Guacamole, der mexikanischen Avocadocreme (Rezept siehe AVOCADO), die Sie vorher mit etwas Crème fraîche verrührt haben.
- Belegen Sie Tortillas mit Scheiben von gehäuteten und entkernten Tomaten (Tomatenhäuten siehe BRUSCETTA) und Mozzarella in Scheiben. Obendrauf kommt zur Dekoration etwas Kresse. Unten muss ein Stück Fladen unbelegt bleiben.
- Belegen Sie die Guacamole-Schicht der anderen Tortillas mit Räucherlachsscheiben und mit ein paar Stangen gegartem grünem Spargel und ein paar Blättern Feldsalat. Auch hier: Unten ein Stück als Wrap-Boden frei lassen.

- Klappen Sie die nicht belegten Flächen nach oben und rollen Sie die Tortillas um die Füllung. Legen Sie um die untere Hälfte eine Serviette, und fertig ist der feine Wrap, den es auch in Warm gibt:

### Lamm-Paprika-Wrap-Rezept

- Braten Sie entkernte und klein gewürfelte Paprikaschoten in etwas Butter, bis sie gar, aber noch knackig sind.
- Würzen Sie Lammfilets mit Salz und Pfeffer. Braten Sie das zarte Fleisch in Butterschmalz auf beiden Seiten circa 3 Minuten rosa und schneiden Sie es dann 1 x längs durch.
- Bestreichen Sie Tortillas mit Guacamole. Belegen Sie die Fladen mit je 1/2 Filet und Paprikagemüse. Gut schmeckt fein geschnittener Eisbergsalat dazu.

**Feines sehr kurz gebraten:**

# ZITRONENGRAS-SPIESSCHEN

*Manfred Stocker:* Jeder weiß, wie man Fleischspieße zusammensteckt und brät. Sie werden schließlich auf fast allen Grillfesten angeboten – ganz kurz und nur mit wirklich gutem Fleisch, weil man seine Qualität bei den kleinen Stücken so deutlich schmeckt.

*Leonore Capell:* Muss es denn immer Fleisch sein?

*MS:* Nein. Mein Vorschlag: **Jakobsmuscheln und Scampi auf Zitronengras** und **Kaninchenrücken auf Zitronengras**. Zitronengras gibt ein herb-zitroniges Aroma ab, das zu Muscheln so gut passt wie zu Fleisch. Die Grasstängel selbst sind zu holzig zum Mitessen. Sie bekommen sie in Asiamärkten.

**Für den Meeresfrüchte-Spieß** stecken Sie frische Jakobsmuscheln, Scampi oder andere Garnelen und – wenn Sie mögen – außerdem mundgerechte Würfel von festfleischigem Fisch auf den Zitronengrasstängel. Dazwischen können Sie, nach Lust und Laune, Zucchinischeiben, Zwiebelstücke oder zum Beispiel Paprika aufspießen. Salzen und pfeffern Sie Muscheln und Krustentiere.

**Für den Kaninchenspieß** wechseln Sie beim Spießbestücken zwischen Fleisch und je 1 getrockneten Tomate, aber auch hier passen Zwiebeln und Paprika.

Für diese Spießchen brauchen Sie keinen Grill. Sie werden in Butterschmalz bei mittlerer Hitze nur je 2–3 Minuten auf jeder Seite gebraten, denn beide sind schnell gar. Statt einem Zitronengrasstängel eignen sich als Spieße übrigens auch etwas größere Rosmarinzweige.

**Die ganz besondere Vorspeise:**

# ZUCCHINIBLÜTEN

***Manfred Stocker:*** Wenn Sie mal Blumen auf eine besondere Art verschenken wollen, dann nehmen Sie einfach Zucchiniblüten. Weil sie gut schmecken und so farbenfroh sind.

***Leonore Capell:*** Wo bekommt man die?

***MS:*** In der Zucchinisaison, also den ganzen Sommer über, in guten Gemüsegeschäften, nicht jeden Tag, aber auf Vorbestellung bestimmt. Hier sind drei Zubereitungsarten.

**Zucchiniblüten mit Gemüsefüllung:** Erst wird der Blütenstempel herausgedreht, der Stiel ab- und der härtere Blütenboden etwas eingeschnitten, damit er schneller gart. Als Füllung eignet sich eine Gemüsemischung aus sehr klein gewürfelter Paprika, Auberginen und Zucchini, die mit etwas fein geschnittenem Thymian und Petersilie, Pfeffer und Salz gewürzt wird. Klein gewürfelte Pilze oder sehr, sehr kleine Pfifferlinge im Ganzen passen auch. Wichtig: Die Blüten nach dem Füllen oben zudrehen, damit nichts herausfällt, und dann in heißem Salzwasser rund 5 Minuten ziehen lassen.

**Zucchiniblüten mit Lachsfüllung:** Stempel raus, Stiel ab. Für die Fischfüllung rohe Lachsstücke mit etwas Sahne im Mixer pürieren, mit Salz, Pfeffer, Zitronensaft und etwas Muskat abschmecken und in einen Spritzsack geben. Die Blüten damit füllen, zusammendrehen und circa 15 Minuten in heißem Salzwasser langsam gar ziehen lassen.

**Zucchiniblüten gebacken:** Stempel raus, Stiel ab. Die Blüte in etwas Mehl wenden, durch aufgeschlagenes Ei und dann durch sehr feine Semmelbrösel ziehen. Dann 2–3 Minuten in heißem Pflanzenfett backen.

*Schon ohne große Deko schön: Zucchiniblüten gefüllt und paniert.*

Für den passenden giftgrünen Saucenspiegel eignet sich eine **Kressesauce**: Im Mixer Kresse mit etwas Crème fraîche pürieren, mit Limonensaft, Salz und Pfeffer würzen. Gießen Sie damit einen Saucenspiegel über die Teller. Legen Sie je 1 gebackene Zucchiniblüte drauf. Schneiden Sie die mit Gemüse- und Lachsfüllung vorsichtig auf und verteilen Sie die Hälften auf die Teller. Zum Schluss wird noch mit Paprika-, Zucchini- und Auberginenwürfeln dekoriert.

***LC:*** Was ist eigentlich Ihr Lieblingsgericht, wenn es nicht um die Blüten, sondern um Zucchinifrüchte geht, Manfred?

***MS:*** Eindeutig **Ratatouille**, so wie sie in der Provence gemacht wird:

- Schwitzen Sie Zucchini und Auberginen - beides in mundgerechte Scheiben oder Würfel geschnitten - in Olivenöl an.
- Geben Sie gewürfelten Artischockenboden dazu (1 Artischocke in sprudelndem Zitronenwasser ungefähr 10 Minuten kochen, Blätter und das Heu über dem Boden entfernen, Boden herausschneiden) und geschälte Paprikaschoten.
- Würzen Sie mit den Kräutern der Provence (fertige Gewürzmischung) oder wie ich nur mit Rosmarin und Thymian. Das ist ein wunderschönes, vegetarisches mediterranes Gericht.

***LC:*** Sind Zucchini eigentlich mit den Gurken verwandt? Sie schmecken so ähnlich …

***MS:*** Nein, es sind Gemüsekürbisse. Aber ihre Schale ist so weich, dass man sie nur abwaschen und nicht schälen muss. Ihr Geschmack ist allerdings trotz seines Nussaromas so leicht und flüchtig, dass sie immer aromareiche Partner brauchen. Ihre beste Zeit sind die Sommermonate, wenn sie aus Südeuropa frisch auf unsere Märkte kommen.

***LC:*** Und was sage ich, wenn ich nur eine von den kleinen Grünen kaufe?

***MS:*** Italienisch korrekt heißt es: der Zucchino, aber damit erschreckt man die meisten Gemüseverkäufer, die das Wort gar nicht kennen. Sie können also ruhig sagen: Bitte die Zucchini dort!

## Der elegante Bauernkuchen:

# ZWETSCHGEN-TARTE

***Leonore Capell:*** Ich dachte immer, Zwetschgen und Pflaumen wären das Gleiche, und die Namen hätten etwas mit den typischen Nord-Süd-Unterschieden zu tun, so wie Brötchen und Semmel, Quark und Topfen. Stimmt das, Manfred, oder belehren Sie mich als »mein« Kochlehrer mal wieder eines Besseren?

***Manfred Stocker:*** Pflaume ist sozusagen der Oberbegriff für blaue Zwetschgen, grüne Reneclauden, kleine, gelbe Mirabellen und die dicken, rotblauen »Pflaumen«, die allen Verwandten ihren Namen gegeben haben. Jede Sorte schmeckt anders, aber Zwetschgen haben ein besonders intensives süßsäuerliches Aroma. Deshalb nehme ich sie nicht nur gern zum Kochen, für das Dessert Topfenknödel auf Zwetschgenröster zum Beispiel. Ich backe auch gern damit. Mein Vorschlag: Zwetschgen-Tarte, gesprochen: Tart, weil das Ursprungsrezept aus Frankreich stammt. Es ist ein besonders feiner, aber mit meinen Tricks schnell zu machender Herbstkuchen:

**Trick Nr. 1:** Blätter- statt Quarkteig – statt aus Mehl, Quark, Butter plus 1 Prise Salz und Vanillezucker einen Mürbeteig zu kneten, nehmen Sie ausgerollten Blätterteig als Grundlage, den es als fertige Platten zu kaufen gibt. Daraus stechen Sie mit einem Ausstecher runde Tarte-Böden.

**Trick Nr. 2:** Entkernen – dazu schneiden Sie nicht nur eine Seite der Zwetschge ein, sondern einmal rund um die Frucht (sozusagen von oben nach unten). Dann fällt der Kern fast von selbst heraus.

**Trick Nr. 3:** Marzipan – ihren Extrapfiff bekommt die Tarte, indem Sie den Teigboden mit Marzipansahne bestreichen: 50 g Marzipanrohmasse (gibt's bei »Backwaren« im Supermarkt oder vom Bäcker) mit 50 ml Sahne (circa 1/3 Becher), dem aus 1/2 Vanilleschote herausgekratzten Mark und 1 Prise Zimt mischen und über den Boden verteilen. Die halbierten Zwetschgen werden dann dicht an dicht darauf ausgelegt.

**Trick Nr. 4:** Zimt – als Abrundung wird alles noch mit Zimtzucker bestreut. Für die Mischung nehmen die meisten zu viel Zimt, aber 1 großzügige Messerspitze reicht völlig für die Tasse voll Zucker, die wir hier brauchen.

**Trick Nr. 5:** Warm essen – dann schmeckt die Tarte am besten. Nach 20–30 Minuten (je nach Größe) im 220 Grad heißen Backofen.

*»Aber bitte mit Sahne.« So heißt es in Österreich, wenn's im Spätsommer und Herbst »Zwetschgendatschi«, also Zwetschgen auf Hefeteig, gibt. Manfred Stockers Tarte befriedigt auch ohne.*

## Zwetschgenröster-Rezept

- 100 g Zucker in einem Topf mit dickem Boden schmelzen und goldbraun werden lassen.
- Zwetschgen (entkernt!) plus den Saft 1 Zitrone und 1 Zimtstange zugeben, circa 1/4 l Rotwein drübergießen. Das Mark 1 Vanillestange auskratzen und zusammen mit der Stange zu den Zwetschgen geben. Alles rund 12 Minuten köcheln lassen – bis die Zwetschgen etwas zerfallen sind. Zimt- und Vanillestange entnehmen.
- Sie sehen: Zwetschgenröster ist nichts anderes als ein norddeutsches »Zwetschenkompott« – allerdings à la Stocker verfeinert.

## Ohne Tränen geht's auch:
# ZWIEBELN

***Leonore Capell:*** Zwiebelsorten gibt's viele, und sie sind schön anzuschauen – auf Distanz betrachtet. Sobald ich mich ihnen mit dem Messer nähere, ist es aus mit der Freundschaft. Dann kommen mir die Tränen. Muss das sein, Manfred?
***Manfred Stocker:*** Nein. Da gibt es zwei gute Tricks, damit Ihnen nicht mehr die Tränen kommen:

**Trick Nr. 1:** Einweichen – die ungeschälten Zwiebeln kommen eine Stunde, bevor wir sie brauchen, in eine Schüssel mit warmem Wasser. Das entzieht dem Saft einen Teil der Schärfe. Außerdem lassen sie sich dann leichter schälen.
**Trick Nr. 2:** Messerschärfe – zum Kleinschneiden nach dem Abschälen ein Messer mit einer festen, aber möglichst dünnen Klinge nehmen. Sehr scharf soll sie außerdem sein, damit die Zwiebelzellen glatt geschnitten und nicht durch Druck zerquetscht werden. Man soll Zwiebeln auch nicht hacken, denn in beiden Fällen tritt der scharfe Saft aus und spritzt in die Augen.

***LC:*** Warum darf ich die geschälten Zwiebeln nicht einfach in einen Küchenmixer stecken?
***MS:*** Weil sie dann hinterher bitter statt aromatisch schmecken: Das schnelle Mixen zerstört so viele Zellen vollständig, so dass alle Bitterstoffe auslaufen und das normale Zwiebelaroma überwältigen.
***LC:*** Was kann ich mit Zwiebeln machen – außer sie als Würze für Gebratenes zu verwenden?

**MS:** Zum Beispiel eine traditionelle Zwiebelsuppe:

- Schwitzen Sie Zwiebelringe in Butter an, bis sie etwas Farbe angenommen haben.
- Löschen Sie alles mit Brühe oder trockenem Weißwein ab (circa 1 l für 4 mittelgroße Zwiebeln).
- Geben Sie 2–3 Zweige Thymian zu – etwas salzen und pfeffern und ½ Stunde köcheln lassen. Dadurch wird die Suppe ganz von selbst schön sämig.
- Füllen Sie die Suppe in Tassen. Legen Sie je 1 Weißbrotscheibe drauf und bestreuen Sie die mit geriebenem Parmesan. Wenn Sie keinen da haben, können Sie auch eine Scheibe von einem anderen fetten Käse nehmen.
- Stellen Sie die Tassen in den vorgeheizten Backofen und überbacken Sie den Käse bei Oberhitze, bis er geschmolzen und goldbraun geworden ist.

### Welche Zwiebelsorte wofür?

**Die Schlachterzwiebel**, die größte, mildeste Sorte, verwenden wir Köche wegen ihres fast süßlichen Geschmacks nur selten. Hausfrauen nehmen sie für Suppen und Eintöpfe.

**Die Gemüse- oder gelbe Zwiebel** ist in der Küche die wichtigste. Sie hat den gewohnt scharfen Geschmack. Zu scharf? Zwiebel schälen, klein schneiden und kurz in heißem Wasser blanchieren (2–3 Minuten). Anbraten vermindert die Schärfe auch.

**Die rote Zwiebel** ist etwas milder als die gelbe. Ich nehme sie vor allem für Vorspeisen, die etwas farbliche Aufmunterung brauchen, zum Beispiel lauwarmen Bohnen- oder Tafelspitzsalat.

**Schalotten** werden in der Profiküche wegen ihres feineren und milderen Aromas sehr geschätzt. Sie machen ihrer geringen Größe wegen beim Schälen mehr Arbeit, schmecken aber hervorragend zum Beispiel zu gebratenen Steinpilzen, in edlen Saucen, Krustentiersuppe oder Risotto. Für Rotweinschalotten koche ich sie, natürlich geschält, im Ganzen in einer Mischung von circa ⅔ Rotwein und ⅓ Portwein.

**Perlzwiebeln** kennt jeder süß-sauer eingelegt aus dem Glas, als Garnitur für kalte Gerichte und Kanapees am kalten Buffet. Ich verwende karamellisierte Perlzwiebeln, um Wild- und Geflügelgerichte damit zu garnieren. Dafür gebe ich sie in etwas geschmolzenen Zucker (karamellisieren siehe KIRSCHEN) und koche sie mit etwas Fleischfond plus Kräutern wie Rosmarin und Thymian, bis sie eine schöne, dunkle Farbe haben.

**Lauch- oder Frühlingszwiebeln** werden mit dem Grün geerntet, bevor sie ausgewachsen sind. Sie haben ein besonders feines Aroma und werden für Suppen, Salate, Vorspeisen und besonders für asiatische Gerichte verwendet. Ich nehme fast nur das Weiße, also das untere Drittel dieser Zwiebeln, als Frischekick für fertige Gerichte. Es ist besonders aromatisch und meist sehr mild. Der grüne Teil wird als Suppengrün verbraucht.

**Schnittlauch** ist ebenfalls eine Zwiebelpflanze. Seine Stängel – immer frisch mit einem scharfen Messer geschnitten! – würzen Suppen, Aufstriche, Salate und Saucen.

### Zwiebeln aufbewahren

Klein geschnitten nicht länger als 2–3 Stunden. Schon gar nicht in geschlossenen Behältern. Sie verlieren darin mit dem Saft, der nicht verdunsten kann, Aroma und Schärfe. Geschnittene Lauchzwiebeln werden »seifig«. Zum Tiefkühlen eignet sich keine Zwiebelsorte. Zwiebeln ohne Plastikumhüllung halten sich wochenlang. In einer warmen Küche treiben sie allerdings bald Sprossen, die ihnen den Geschmack entziehen.

# Rezeptregister